区域性金融服务集团
促进地区实体经济发展研究

齐 岳 冯筱瑢 赵晨辉 秦 阳 张喻姝 黄佳宁 著

本书得到 2018 年天津市教委社会科学重大项目"天津市高质量发展的新动能创新研究——基于金融资源整合与金融生态构建的分析"项目资助

科学出版社

北 京

内 容 简 介

本书在金融治理推动国家治理能力现代化的背景下，从金融市场与金融机构、国家治理与金融治理等基本概念出发，以区域金融服务实体经济发展为核心，在详细分析了京津冀地区中天津市的实体经济、传统金融业、创新金融业的发展历史、发展状况和存在的具体问题后，基于金融集团和金融产业集群的概念，创新性地提出了整合区域自身金融资源以服务区域实体经济发展的区域性金融服务集团战略构想。此外，本书进一步聚焦区域性金融服务集团公司治理问题，在梳理相关研究后，以花旗集团为例探究国外金融集团公司治理的实际情况，并提出相关建议，以期为我国金融行业的发展做出贡献。

本书可供金融行业从业人员、金融行业监管者及金融行业学生学习和使用。

图书在版编目（CIP）数据

区域性金融服务集团促进地区实体经济发展研究/齐岳等著. —北京：科学出版社，2022.2
 ISBN 978-7-03-070353-8

Ⅰ. ①区… Ⅱ. ①齐… Ⅲ. ①金融机构-商业服务-研究-天津 ②区域经济发展-研究-天津 Ⅳ. ①F832.721 ②F127.21

中国版本图书馆 CIP 数据核字（2021）第 221838 号

责任编辑：徐 倩／责任校对：贾娜娜
责任印制：张 伟／封面设计：无极书装

斜 学 出 版 社 出版
北京东黄城根北街 16 号
邮政编码：100717
http://www.sciencep.com

北京建宏印刷有限公司 印刷
科学出版社发行 各地新华书店经销
*
2022 年 2 月第 一 版 开本：720 × 1000 1/16
2023 年 1 月第二次印刷 印张：11
字数：222 000
定价：126.00 元
（如有印装质量问题，我社负责调换）

作者简介

　　齐岳，南开大学商学院财务管理系教授、博士生导师，现任系副主任、南开大学中国公司治理研究院企业社会责任研究室主任。2004 年毕业于美国佐治亚大学泰瑞商学院金融学与银行学系并取得博士学位。研究方向：投资组合管理、基金管理、公司治理。主持多项国家自然科学基金、社会科学基金、教育部课题。在 *Operations Research* 等国际学术期刊和国际学术会议上发表 30 余篇论文。出版专著：《投资组合管理：创新与突破》、《经济发展新常态下完善中国公募基金治理结构研究：基于投资策略的视角》、《五大发展下中国企业社会责任投资的分析和展望》（齐岳、林龙、刘彤阳、郭怡群，科学出版社）。

　　冯筱瑢，南开大学商学院财务管理系研究生。研究方向：金融市场与金融机构、科技金融。参与 2018 年国家社会科学基金项目"金融创新背景下多目标公司治理投资支持实体经济研究"（18BGL063）、2014 年度教育部人文社会科学重点研究基地重大项目"基金治理和基民利益保护研究"（14JJD630007）。

　　赵晨辉，南开大学商学院财务管理系研究生。研究方向：金融市场与金融机构、科技金融。参与 2018 年国家社会科学基金项目"金融创新背景下多目标公司治理投资支持实体经济研究"（18BGL063）、2014 年度教育部人文社会科学重点研究基地重大项目"基金治理和基民利益保护研究"（14JJD630007）。

　　秦阳，南开大学商学院财务管理系研究生。研究方向：金融市场与金融机构、科技金融。参与 2018 年国家社会科学基金项目"金融创新背景下多目标公司治理投资支持实体经济研究"（18BGL063）、2014 年度教育部人文社会科学重点研究基地重大项目"基金治理和基民利益保护研究"（14JJD630007）。

　　张喻姝，南开大学博士，天津师范大学讲师。在本书中独立完成约 8 万字。参与 2018 年国家社会科学基金项目"金融创新背景下多目标公司治理投资支持实体经济研究"（18BGL063）、2014 年度教育部人文社会科学重点研究基地重大项目"基金治理和基民利益保护研究"（14JJD630007）。

　　黄佳宁，南开大学商学院财务管理系研究生。研究方向：金融市场与金融机构、科技金融。参与 2018 年国家社会科学基金项目"金融创新背景下多目标公司治理投资支持实体经济研究"（18BGL063）、2014 年度教育部人文社会科学重点研究基地重大项目"基金治理和基民利益保护研究"（14JJD630007）。

前　　言

　　金融是现代经济的核心，是国家重要的核心竞争力。改革开放 40 多年来，我国已经建立起以中央银行为核心，以国有商业银行和政策性银行为主体，多种金融机构并存的金融体系。在金融体系改革开放不断推进的过程中，我国在利率汇率市场化改革、金融市场和资本金融账户开放、人民币国际化、宏观调控体系和金融风险防控机制等方面不断取得进步和成就，现代化金融体系建设稳步推进。

　　在深化金融改革的过程中，我国金融服务实体经济发展也暴露出诸多问题：首先，较实体经济而言，金融市场往往更为"火热"。近年来，我国实行较为稳健的货币政策，社会流动性总体而言较为充足，而当前投资途径相对单一，闲余资金及热钱等金融资本往往流向高收益行业。例如，我国房地产市场一直较为火热，有研究指出这与房地产市场长期占用较大的资金量有关。中国人民银行报告显示，2014～2016 年新增房地产贷款量及其所占各项贷款新增量比重逐年上升，由此金融对实体经济形成的挤出效应越来越明显，各类资本逐步向虚拟经济领域流动，阻碍了金融服务实体经济发展。其次，实体经济融资成本总体较高，民营企业尤其是中小企业和科创企业融资较为困难，受自身资产规模和资信程度制约，这些企业较难利用间接融资，而在直接融资中往往较难获得银行贷款或贷款成本高昂，民间融资市场又相对不成熟、不规范，由此阻碍了金融充分发挥其功能。再次，金融法律体系和金融监管体系尚未健全，在不断深化金融改革的过程中，金融混业经营趋势和金融创新发展使得金融体系的风险加大，影响了金融安全稳健发展，进一步阻碍了实体经济发展。最后，金融创新力度不足，综合型金融人才较为缺乏，使得金融难以助力实体经济高质量发展。因此，进一步深化金融改革，建设现代化金融体系，实现金融服务实体经济发展成为当前亟待解决的重要问题。

　　此外，区域发展不平衡是我国长期以来一直存在的问题。十九大报告指出，"我国社会主要矛盾已经转化为人民日益增长的美好生活需要和不平衡不充分的发展之间的矛盾"[①]，导致区域经济发展不平衡的因素较多。资本市场在经济发展中占据重要地位，其不均衡的发展是造成区域差距的主要原因之一。相较于中西部地区，我国东部沿海地区具有较好的金融基础，相关设施较为先进齐全，高质

---

① 习近平：决胜全面建成小康社会 夺取新时代中国特色社会主义伟大胜利——在中国共产党第十九次全国代表大会上的报告. http://www.xinhuanet.com//politics/19cpcnc/2017-10/27/c1121867529.htm[2021-10-10].

量金融人才往往聚集于此，大量金融资本也汇聚于此，由此金融市场较为发达完善，更好地服务于实体经济发展。为切实解决这一问题，提高地方金融机构服务区域实体经济发展能力，缓解地区金融发展不平衡现状，进而有效解决区域经济发展问题具有十分重要的意义。

党的十九大报告指出"我国经济已由高速增长阶段转向高质量发展阶段"[①]。我国经济发展开始进入新常态，对提高供给体系质量、转变过去粗放式经济增长模式、解决产能过剩等问题提出了新的要求，而金融作为实体经济发展的坚实后盾，需进一步深化金融改革以促进经济高质量发展。服务实体经济是金融的天职和宗旨，党和国家高度重视金融服务实体经济问题。在全国金融工作会议上，习近平明确指出"金融要把为实体经济服务作为出发点和落脚点""金融是实体经济的血脉，为实体经济服务是金融的天职，是金融的宗旨"[②]。十九大报告指出"深化金融体制改革，增强金融服务实体经济能力"[①]。在当前的金融工作中，要将金融服务实体经济置于重要地位。

目前，国内关于深化金融改革、促进金融服务实体经济发展的研究文献已较为丰富，但多从银行业改革支持实体经济、金融科技创新助力实体经济、加强金融监管等金融改革的某个部分或某方面进行研究，缺少以区域金融机构为研究核心、着眼于区域金融服务实体经济的整体性研究。更重要的是，现有文献对金融机构改革提出了较为宏观的政策建议，但缺乏实质性金融体系创新建议，更缺乏对如何基于区域实体经济和金融机构的发展状况、依靠区域自身金融资源有效服务区域实体经济发展的分析。

同时，当前文献较多考虑通过金融创新和金融机构改革为金融服务实体经济提供动力，缺少在金融混业经营发展趋势下，以整合区域金融资源为核心的构建区域性金融服务集团的研究。此外，关于公司治理的国内外研究已较为完善，但针对金融集团的公司治理研究相对较少，因此缺少从金融集团内部提升公司治理水平的理论支持。

本书在金融治理推动国家治理能力现代化的背景下，首先，对金融市场与金融机构、国家治理、金融治理与金融服务实体经济等基本概念进行介绍，并以此为基础，以京津冀地区的天津市为例，对其实体经济发展、传统金融业、创新金融业的发展状况进行金融分析；其次，基于金融集团和金融产业集群的概念，整

---

① 习近平：决胜全面建成小康社会 夺取新时代中国特色社会主义伟大胜利——在中国共产党第十九次全国代表大会上的报告. http://www.xinhuanet.com//politics/19cpcnc/2017-10/27/c1121867529.htm[2021-10-10].

② 习近平：深化金融改革 促进经济和金融良性循环健康发展. http://www.xinhuanet.com/fortune/2017-07/15/c_1121324747.htm[2021-03-24].

合区域自身金融资源以服务区域实体经济发展的区域性金融服务集团战略构想；最后，从公司治理的角度出发，探索分析区域金融集团的治理问题，以创造良好的金融生态环境。

本书的主要研究意义如下。

为提高金融服务实体经济效率、推动金融创新和金融改革提供了新的思路。金融机构作为连接投资者和融资者的重要桥梁，对促进实体经济发展意义重大，但目前金融机构服务实体经济仍存在较多问题，亟须创新金融体系，提高服务实体经济能力。虽然目前针对金融改革的相关研究有很多，但整合区域自身金融资源以服务区域实体经济的相关研究其少。因此，本书构建了服务区域实体经济的区域性金融服务集团战略，试图为地区政策提出者提供区域金融改革新思路，进而丰富金融治理和金融改革相关研究。

有利于促进金融机构治理理论的深化。金融机构治理已得到相关国际组织和政府监管部门的高度重视。一般的金融机构治理存在特殊性，具体包括治理主体、治理结构、治理机制、治理目标、治理风险的特殊性，而金融集团在此基础上又增添了金融母子公司的委托代理和业务博弈等问题，治理问题更为复杂。本书对于区域性金融集团公司治理问题的研究将进一步促进我国金融机构治理理论的发展。

有利于推动国家治理体系和治理能力现代化发展。作为国家治理的重要组成部分，金融治理是促进国家经济新增长的驱动力。本书试图探索区域金融发展，提升区域金融治理能力，进而提高整个国家的金融治理能力，推动国家治理能力现代化发展。

有利于推动我国资本市场健康发展。金融机构连接着资本市场中的两个重要主体，即投资者和筹资者，另外，其自身也是重要的机构投资者。因此，做好金融机构改革创新工作，完善金融机构治理结构和机制，将对投资者保护起到重要作用，进而焕发我国资本市场新的活力。

相对于其他证券公司治理专著，本书的主要特点如下。

首先，国内目前缺乏对区域金融服务实体经济现状进行系统梳理和分析的书籍和文献，这就使得相关研究无法全面而精准地把脉我国经济发展不平衡问题的症结。区域经济发展不平衡的原因是多方面的，但资本市场的发展不平衡是关键所在。本书基于上述思考，试图从区域性金融视野出发，分析区域金融服务实体经济现状。这也是本书的第一大特点，即以京津冀地区的天津市为例，基于区域金融的视野，全面剖析两个区域金融服务实体经济的发展状况，并从银行、证券、保险等传统性金融业及科技金融、绿色金融等创新性金融业两大维度出发，详细分析其发展历史、发展状况及发展过程中的问题。在此基础上，探索两个区域金融服务实体经济实例的机遇和挑战。

　　其次，本书针对区域金融服务实体经济的问题提出了构建区域性金融集团的战略构想。之所以提出区域性金融集团的概念，一方面是希望挖掘地方自身资源，通过整合区域金融机构，结合区域自身实体经济发展方向，有针对性地推出金融产品，为区域经济特别是战略性新兴产业等融资困难的企业提供金融服务便利，最大化提高金融服务效率；另一方面，区域金融集团的构建也有利于缓解部分地区金融机构发展停滞不前、缺乏创新的问题，进而构建良好区域金融环境。金融集团在实施混业经营的国家中发展较为普遍，也将成为中国未来金融体系的重要发展方向。目前，我国虽存在少数金融集团，但这些金融集团大多是国家控股性质的，对服务特定区域实体经济的作用相对较弱；另外，针对区域金融发展的金融产业集群虽有相关研究，但金融产业集群相比金融集团在业务合作方面仍存一定缺陷。因此，本书的第二大特点是在分析金融集团和金融产业集群的基础上，创新性地提出区域性金融服务集团的战略构想，旨在整合区域自身金融资源，有针对性地服务区域实体经济发展。

　　最后，本书以公司治理相关理论为参考，提出了较为全面且有针对性的区域性金融服务集团的公司治理建议及策略。国内外尽管有学者已经研究了较多公司治理的问题，但现有文献资料在金融集团的公司治理改制措施和政策启示等方面也有所不及。一方面，金融集团存在金融行业的特殊性，另一方面，存在母子公司等多重委托代理关系，进而出现业务合作或冲突的博弈行为。因此，本书的第三大特点是以事实为参考、以我国特殊的制度背景为指引，提出了一套有针对性且行之有效的区域性金融集团的公司治理方案。

　　全书共分为七章，包括以下内容。

　　第一章对金融市场与金融机构相关概念和基础知识进行系统性的介绍，主要包括金融市场与金融机构的基本概念和发展历史。同时，依据我国基本情况对金融机构的业务范围进行梳理，并对金融监管体系的概念、发展历史、主要国家和我国金融监管体系进行了重点介绍。第二章介绍国家治理和金融治理等概念及界定，重点分析了金融治理体系建设推动国家治理能力现代化等问题，并提出了具体措施，为强化金融治理、提高服务实体经济能力提出政策建议。第三章以天津市为例，从实践角度出发分析区域金融视野下金融服务实体经济的相关问题，介绍天津市金融服务实体经济发展的现状及传统金融业和金融创新情况，并对天津市金融服务实体经济面临的机遇与挑战进行分析。第四章重点提出构建区域性金融服务集团的战略规划，从金融集团和金融产业集群相关概念出发，分析其基本内涵、形式模式、主要特点及对区域经济发展作用，介绍区域性金融服务集团构建的基本理念，并提出对建设区域性金融集团的构想，从组建设计、发展目标及管控模式等方面提出建设性建议。第五章从区域性金融集团的构建理念出发，探讨金融集团治理和金融产业集群发展状况与问题，并结合区域性金融集团的多层级管理体制与高金融风险特征，从内部治理和外部治理两个方面，提出区域性金融集团的公司治理建议。第六章站在优化金融生态环境的角度，从金融法律体系、金融监管体系、金融创新和综合型金融人才四个方面对我国当前实际情况的主要特点及不足进行分析，结合金融实践对优化金融生态环境提出建议，以进一步提高金融服务质量。第七章梳理区域性金融服务集团促进地区实体经济发展研究的相关内容及结论，重点突出其中创新点，并对未来研究进行展望。

齐　岳

2020 年 3 月

目　　录

第一章　金融市场与金融机构

第一节　金融市场与金融机构基本概念

一、金融市场的概念及功能

金融市场的概念十分广泛，一般指经营货币资金借款、外汇买卖、有价证券交易、债券和股票的发行、贵金属买卖等场所的总称。概括来说，它是金融资产交易、定价的一种机制，本质是资金融通市场。在金融市场中，为了使经济得以高效顺畅运行，资金的供需双方利用各种金融工具使得资金在其中流动，资金从盈余方流向短缺方，由此产生一系列的市场，这些众多的市场共同构成了一个庞大又复杂的体系——金融市场。

在商品经济不断发展的过程中，简单的商业信用工具逐渐暴露出局限性，由于其只为商品交易双方提供信用保障，缺乏流动性，阻碍了资金的快速流动。市场上需要更多、更具流动性的金融交易工具。于是，股票及金融衍生品等也得到了进一步发展，它们和传统的信用工具一起组成了现代金融市场中最为重要的交易工具。

为了更好地阐明金融市场的基本功能，将目光置于现实生活中是十分必要的。现实中有一些人收入大于支出，他们具有盈余的资金，但往往缺少应用这些资金创造更多价值的机会；而另外一些人的收入却少于支出，他们具有资金缺口，面临错失好的投资机会的风险。此时，金融市场便发挥了其最基本、最重要的作用，即将资金从盈余的人手中转移到短缺的人手中。图 1-1 说明了这一重要功能，具

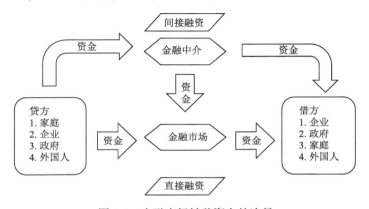

图 1-1　金融市场转移资金的途径

体来说，资金盈余者（也称为贷方或储蓄者）中最主要的是家庭，此外还有企业、政府和外国人，他们将额外的资金借出；而资金短缺者（也称为借方或消费者）中最为主要的是企业和政府，此外还有家庭和外国人，他们会为投资或置办物品而筹集资金。金融市场在资金从贷方流向借方的过程中提供了交易的环境，连通这一资金流动过程。

资金的流动主要有两种途径，分别为直接融资和间接融资。直接融资涉及金融工具，借方在金融市场中售出金融工具，而由贷方支付资金以获取金融工具，以此完成资金的传递。金融工具一般指证券，而证券的本质是对借方未来收入的索取权。因此，贷方拥有证券也就对借方未来的收入或资产有要求偿付的权利，借方出售证券获得资金，在未来有支付资金偿还债务的义务。资金的流动对社会经济发展具有重要意义，人们在发现好的投资机会时往往没有足够的资金对其投资，而拥有盈余资金的人可能由于种种局限而无法对这些机会进行投资，而只有那些既掌握充足资金，又能敏锐发现投资机会的人才能有成功的投资机会，因此，经济效率十分低下。金融市场的建立打破了这种局限，使得资金能够流向需要的地方，基于这种转移，经济效率得到了重大提升。这种效率的提升使得社会中的人们能够获得更多的福利，提升人们的生活水平，主要体现为两种：一种是购买能力的转移。设想一个人发现人们只是在上下班等有限的时间里才会用到汽车，对其而言在需要乘车的时候有人能提供服务比自己购买一辆极少时候能用到的车要实惠得多。因此，这个人发现了一个投资机会，但他当前没有足够的资金负担一辆汽车，而那些需要客运服务的人有闲置资金却没有购买汽车的需要，此时金融市场的存在巧妙地解决了这一问题，它将资金转移到有需要的人手中，并支持他们进行消费投资，使得那个人得以购买汽车并为社会提供服务，这样社会整体的福利和生活水平都得到了有效提升。另一种则表现为时间的转移。例如，一个年轻人十分担心自己在年老停止工作后没有稳定的收入来源，而此时自己的薪水也高于当前消费，因此他可以选择将收入的一部分借出去，使得这部分资金得以充分利用以创造更大价值，待他年老后收回借出的资金外加一些利息，以此便完成了购买能力时间的转移。

上述是日常生活中最为简单基本的关于金融市场功能的例子，经济社会的不断发展催生了越来越多的新型金融市场和工具，丰富了金融市场的功能。金融市场的基础功能包括引导资金流动、提高配置效率等；此外，其重要功能之一便是定价，而价格的变动则反映了经济运行的情况。例如，在评估企业内在价值的过程中，企业债务及股东权益的价值可以由其在金融市场中交易的证券价值来确定；金融市场可以实现风险在不同风险厌恶程度者之间的有效分担，风险厌恶者一般投资于低风险、低回报的固定收益证券，而风险偏好者则更青睐于高风险、高回报的权益类或衍生类证券，这种风险的配置使得人们都基于自身偏好进行投资，经济得以高效运行；金融市场可以有效减少由信息不对称产生的诸多成本，借贷双方仅仅基于信用而进行的交易是十分低效的，借方并不总能很好地找到对应的贷方，金融市场提供了较为公平公开的环境，减少双方的搜寻成本和信息成本。在未来，会产生越来越多的新型金融工具，也会得到更为新颖和广阔的金融市场概念及功能。

二、金融市场的结构及分类

金融市场是一个结构十分复杂的市场，包含了众多彼此独立又相互联系的下一级市场。为了能更加明确地阐述金融市场的结构，从不同角度对金融市场进行分类是十分必要的。

（一）以交易性质作为划分标准

以证券在市场中的交易性质为标准，金融市场分为一级市场和二级市场。一级市场（发行市场或初级市场）是新发行证券的市场，资金需求方由于融资需求，将它们的证券首次对外出售，这种发行具有一次性，交易完成后筹资方就会募集到一定的资金，而证券最初购买者也获得了对应的债权或股权。二级市场（流通市场或次级市场）是已发行的证券在市场不同投资者间流通交易的市场，此时虽有资金和证券所有权的交易，但最初的发行公司不再获得新的资金，它们只在一级市场中筹得资金。

在现实生活中，人们熟知的往往是二级市场，这是因为证券在一级市场的发行并非针对公众，涉及证券发行的一般是投资银行这一重要金融机构，它们一般通过承销的方式帮助证券的发行。证券发行主要有两种制度，一种是以美国为代表的注册制，一种是以欧洲国家为代表的核准制。我国自 2020 年 3 月 1 日起施行的《中华人民共和国证券法》第九条规定："公开发行证券，必须符合法律、行政法规规定的条件，并依法报经国务院证券监督管理机构或者国务院授权的部门注册。未经依法注册，任何单位和个人不得公开发行证券。证券发行注册制的具体范围、实施步骤，由国务院规定。"一级市场的主要作用是为资金需求者筹得资金，也为投资者提供投资机会，使资金流向有价值的投资项目，具有优化资源配置的作用。二级市场主要为证券提供流动性，证券持有者可以卖出证券以获得资金，使得证券在市场中得以流动，证券可以较为容易地转化为资金而流通，使得发行者更愿意在一级市场发行证券以筹资。此外，二级市场中的证券价格变化能够在一定程度上反映经济运行情况和发行公司经营情况。同时，二级市场决定证券在一级市场的价格。对于同一个证券，一级市场中的发行价格不会高于二级市场，否则一级市场的投资者不会购买该证券；证券在二级市场中价格越高，在一级市场的发行价格也越高，这是发行者希望看到的。研究二级市场及其中的证券价格具有重要的意义。

（二）以到期期限作为划分标准

这里主要以金融资产的到期期限为依据，金融市场分为货币市场和资本市场（实际上此种划分标准主要以证券市场为基础，而金融市场还包含除此以外的诸如衍生品市场、外汇市场、保险市场和黄金市场等其他市场，一般我们以证券市场为主要研究对象加以说明）。货币市场是交易到期期限在一年以内的金融资产的市场，金融资产到期期限短，市场上流动性强，风险较小。资本市场是交易到期期限在一年以上的各种金融资产或进行融资活动的市场，到期期限较长，各种金融资产的风险较大，有较为长期的收入来源。

货币市场主要为解决筹资者的短期资金需求，由于到期期限较短，金融资产的价格波动往往没有资本市场大，风险较小。货币市场主要包括同业拆借市场、票据市场、大额可转让定期存单市场、国库券市场、消费信贷市场和回顾协议市场六个市场。如果根据市场不同的业务内容分类，货币市场又可分为银行短期信贷市场、短期证券市场（短期证券主要包括国库券、可转让定期存单、商业票据和银行承兑票据）及贴现市场。货币市场的基本功能和金融市场是一致的，可以将资金转移到需求方，而货币市场由于其期限短的特点主要为短期资金融通提供途径，一些资金需求者可能有季节性或临时性的融资需求，此时就需要货币市场满足其需求。此外，货币市场能够反映货币政策，三大货币政策手段分别为公开市场业务、法定准备金政策和再贴现政策，具体来讲，同业拆借市场中的同业拆借利率和超额准备金率对市场上的利率水平具有确定作用，商业票据和国库券等货币市场工具又是进行再贴现政策与公开市场业务的基础工具，因此货币市场对促进和调节市场经济与金融市场良性发展具有重要意义。同时，货币市场通过调节短期票据的发行、贴现和兑付等具有管理筹资方业务活动、促进其提高经营水平等的作用。

资本市场中涉及的融资活动期限较长，各种形式的资金风险大、有长期持续的收入，因此类似于资本的投入，也即其名称由来。资本市场主要由国债市场、股票市场、企业中长期债券市场和中长期放款市场组成，人们一般较为关注的股票市场属于资本市场。资本市场解决了金融市场中的中长期投融资问题，同时也是与人们生活息息相关的市场，因此进一步深化金融市场改革，实现服务实体经济、防范风险和建设多层次资本市场等目标具有重大意义，也是当前我国完善金融体系建设、实现金融服务于实体经济的重要方面。

（三）以金融工具作为划分标准

这里以参与市场交易的金融工具类型来对金融市场进行划分，可以具体分为债券市场、票据市场、外汇市场、股票市场、黄金市场和保险市场等，在进行一般性研究时，则通常划分为债务市场和权益市场，这是两种性质不同的融资方式。债务市场是借方发行债务工具，约定按照一定的时间间隔付给贷方金额，在约定的到期日对贷方进行最后一次支付，借贷双方具有债务债权关系，借方只以事先约定好的方式偿付，贷方对借方不具有所有权，但在公司进行偿付时需在权益持有者之前对债权人进行偿付。权益市场是资金需求方通过发行权益来筹集资金，每一份权益都代表对公司的所有权，对于股票而言，公司需对股东进行定期的支付（这里指股息），同时，由于这份权益没有到期日，因此，也不存在对股东的到期偿付，股东权益代表对公司的所有权，股东持有的股票数量代表对公司所有权的份额，在股东大会上可以据此对重大事项进行投票。权益相较于债务最大的区别是代表了对公司的所有权且并无到期日，但其具有剩余索取权，公司必须先向债权人进行偿付后方可对权益持有人支付，且支付金额并不像债务那样是固定的，权益持有者对公司的利润或资产价值的增长具有要求权，而这部分金额往往波动较大，因此风险也就相应较大。

　　以上从不同角度对金融市场进行分类，从不同方面探究了金融市场的具体结构，这里只对较为重要的方式做详细阐述。此外，还可按地理范围分为国际金融市场和国内金融市场、按交割期限分为金融现货市场和金融期货市场、按经营场所分为有形金融市场和无形金融市场等。金融市场的分类可以让我们更好地理解其运行机制和功能。

三、金融机构的概念及功能

　　图 1-1 中还展示了另外一种资金流动方式，即通过金融中介将资金由贷方转移至借方。在此过程中借贷双方并不直接进行交易，而是由金融中介提供服务联系彼此，因此，此种流动方式也称为间接融资。

　　金融机构指专门从事金融活动的组织，主要提供金融服务，包括银行、证券、保险、信托、基金等业务。金融机构一般包括银行、证券公司、保险公司、信托投资公司和基金管理公司等，我国对金融机构的分类具有严格标准，将在下节做详细阐述。

　　金融机构在金融体系中具有重要作用，为了更好地理解金融机构的功能，对交易成本和信息不对称问题进行阐述是十分必要的。交易成本指在金融交易过程中付出的时间和金钱等代价，借贷双方相互寻找合适的交易，交易过程需要拟定的合约或经历的法律和记录程序等都需要专业人士的参与，因此，存在大量的交易费用。单独的市场参与者都需经历以上步骤，因此也都需要上述服务，然而个人购买上述服务是十分昂贵的，金融中介的存在可以极大地减少交易成本：首先，将单独的市场参与者集中起来进行服务，可以有效地享受规模经济的益处，每增加一个参与者，涉及的交易规模就会扩大，单位金额对应的交易成本就会减少，所以金融机构的存在可以使其同时面对更多的顾客，增大交易规模从而减少交易成本；其次，单独的市场参与者并非从事金融工作的专业人员，需要付出更多的代价来交易，而金融中介能够提供专业化的服务，能够有效地降低交易成本。

此外，金融市场中存在的信息不对称问题也表明了金融中介存在的重要作用。信息不对称主要包括逆向选择和道德风险。逆向选择通常指具有较高风险的借款人往往是最积极寻求借款的人，同时也是最容易获得借款的人，而投资者在不能充分了解潜在借款人的真实情况时，会对放出借款更加谨慎，有时会拒绝那些真正的风险较小具有收益的借款请求，这样阻碍了金融市场发挥其功能，逆向选择是交易完成前存在的信息不对称问题；道德风险则指借方在获得资金后希望获得更多收益而不惜参与高风险项目，增加了其违约的潜在可能，这使得贷方需要付出成本对借方加以监督约束，是交易完成后存在的信息不对称问题。金融中介的存在可以有效降低信息不对称带来的问题，金融中介能够汇集资金并将其再合理而又协调地投资出去，因此收益比个人更为可观，同时，金融中介更为专业化，可以专门从事寻找好的投资机会这一工作，在防止逆向选择方面更加有效，此外金融机构可以对借款方从事专业的监督和审核工作，限制借款方潜在的高风险行为，有效地降低道德风险。总之，金融机构的存在大大降低了信息不对称引发的诸多问题。

随着经济的不断发展，金融机构将越发重要，各种不同类型的金融机构和金融服务也将不断产生并发展，当前对金融机构的界定及分类具有较为严格的规定，随着改革的不断深入这些规定也会有相应的变化。

四、金融机构的分类

金融机构的分类标准有许多，这里主要介绍一些较为重要的分类方式。

按地位和功能，金融机构可以分为中央银行（国家中居主导地位的金融机构，是国家干预和调控国民经济发展的重要工具，在我国是中国人民银行）、银行（包括政策性银行、商业银行和村镇银行）、非银行金融机构（包括保险公司、城市信用合作社、证券公司、财务公司和第三方理财公司等）及中国境内开办的外资、中外合资金融机构等。

按监管地位，金融机构可以分为金融监管机构和接受金融监管的企业，在我国，金融监管机构包括中国人民银行、中国银行保险监督管理委员会、中国证券监督管理委员会（以下简称证监会）等，其他金融企业接受监督管理。

按能否接受公众存款，金融机构可分为存款性金融机构和非存款性金融机构。前者向公众吸收存款而获得资金，包括商业银行、储蓄贷款协会、合作储蓄银行和信用合作社等。相反地，后者不能向公众吸纳存款，如保险公司、证券公司等。

在我国，金融机构的分类有更为严格的规定，这些内容将在第三节中做详细阐述。

第二节　中国金融机构的发展历史

自改革开放以来，我国在经济建设和体制改革方面取得了重大成就，金融机构不断丰富和发展，金融市场不断建设和完善，整个金融体系运行稳定，健康发展。作为金融市场最重要的参与者和中介方，金融机构在我国金融体系发展历程中发挥了重要作用，从第一家行业机构的建立，到行业监管法律法规的颁布，再到整个行业得以在完善的监管体制下有序而迅速地发展，我国金融业各行业实现了从无到有、从小到大、从功能结构单一到复杂多样的转变。银行业、证券业和保险业作为三大金融行业，其发展历程对金融体系的不断完善具有重要意义。为了更好地阐述中国金融机构的发展历史，本节将重点选取我国银行业、证券业和保险业以对其发展历程进行总结。

一、中国银行业的发展历程

在中华人民共和国成立前，我国就已出现近代化的银行，一般认为 1847 年英国丽如银行在上海开设分行是近代化银行的开端，而后在南京国民政府统治时期银行体系进入了快速建设和发展时期，形成了以四大银行为主体的银行体系，然而在抗战和内战时期，时局动荡，银行业遭到严重破坏，直到新中国及中国人民银行的成立，我国银行系统才得以恢复并建立。

第一阶段（1949～1977 年）中国银行业的形成和发展。1949～1956 年，我国基本完成社会主义改造，在这一阶段，我国经济取得了恢复，也产生了进一步的发展，其中银行业起到了重要的作用。1949 年《中华人民共和国中央人民政府组织法》将中国人民银行归入政务院，使其成为国家银行。1956 年"大一统"银行体系形成，公私合营银行被纳入中国人民银行体系。1956～1966 年，我国处于全面社会主义建设时期，中共中央提出"调整、巩固、充实、提高"方针，国民经济得以有效调整，金融工作稳步进行。1966～1976 年，受"文化大革命"影响，我国金融体系和银行业受到严重损害，商业性金融活动被禁止开展，中国人民银行被并入财政部。"文化大革命"结束后，银行业得以恢复并发展，完成国家布置的信贷计划任务。在 1977 年 12 月召开的全国银行工作会议中，银行独立成为组织系统。

第二阶段（1978~1985 年）中国银行业市场化改革的开端。此前"大一统"模式的银行体系是为了与计划经济相适应，中国人民银行成为垄断全国的唯一信贷和货币发行中心，以此执行国家的计划政策。在银行业开始改革后，"大一统"模式被打破，二级银行制度得以建立。1979 年 2 月，中国农业银行恢复；1979 年 8 月，国务院批准将中国人民建设银行划为国务院直属金融机构；1984 年 1 月，中国工商银行成立，工商信贷等业务从中国人民银行剥离。这样，一个多元化的银行体系得以建立，我国拥有了四家国有专业银行，与中央银行一起构成了双层银行体系，这表明行政垄断金融组织的体系不复存在，市场化下新的竞争因素产生了。

1983 年 9 月，《国务院关于中国人民银行专门行使中央银行职能的决定》发布，中国人民银行专门行使中央银行职能，不再兼办工商信贷和储蓄业务。在这个阶段，虽然银行体系仍主要执行国家计划而运行，但专业银行的出现增强了市场这只"无形的手"的作用，银行业的竞争态势得以形成。我国在 1981 年实行了信贷计划差额包干办法，在 1983 年建立了存款准备金制度，我国银行业在市场化的推进下不断改革发展。

第三阶段（1986~1997 年）中国银行业市场化改革的发展。中国人民银行逐渐从监管职能、政策制度、国家立法等方面被确立为中华人民共和国中央银行，尤其是对银行业实施监督管理、制定并执行货币政策的职能进一步明确。1986 年 1 月，国务院颁布《中华人民共和国银行管理暂行条例》，确定了中国人民银行监管银行业的法律地位。1993 年 12 月，《国务院关于金融体制改革的决定》颁布，从制度层面确定了中国人民银行作为中央银行的地位[①]。1995 年 3 月，《中华人民共和国中国人民银行法》颁布，从国家立法的角度确定了中国人民银行作为中央银行的地位[②]。1997 年 4 月，《中国人民银行货币政策委员会条例》颁布，明确了货币政策委员会是中国人民银行制定货币政策的咨询议事机构。

同时，在该阶段，我国的银行业体系得到了创新发展。在 20 世纪 80 年代，我国四大专业银行进行了一系列改革，逐步成为国有商业银行，响应了我国经济体制改革。据统计，1986~1997 年，我国有 13 家商业银行成立，比较著名的有招商银行、中国光大银行、上海浦东发展银行、华夏银行等，这表明我国商业银行系统得以迅速发展。在 1994 年，国家开发银行、中国农业发展银行和中国进出口银行成立，这三家政策性银行的成立表明商业银行与政策性银行分离。截至该

---

① 《国务院关于金融体制改革的决定》注明："中国人民银行的主要职能是：制定和实施货币政策，保持货币的稳定；对金融机构实行严格的监管，保证金融体系安全、有效地运行。"

② 《中华人民共和国中国人民银行法》规定："中国人民银行是中华人民共和国的中央银行。中国人民银行在国务院领导下，制定和实施货币政策，对金融业实施监督管理。"

阶段末，我国银行体系得到了充分发展，中央银行、国有独资商业银行、股份制商业银行和政策性银行共同形成了复杂全面的银行体系，以适应经济社会的不同金融需求。

此外，我国从立法角度对商业银行在经营管理及风险防控方面进行了明确规定，为其提供了法律基础和行为规范，同时引入了银行业的竞争机制，以此进一步加强银行业的市场化程度。1995 年颁布了《中华人民共和国商业银行法》，该法律对商业银行进行了详细规定，注明了其业务范围、经营原则等内容，提出了商业银行应遵循"自主经营，自担风险，自负盈亏，自我约束"的原则，也对商业银行的存款利率做出规定，以保证公平竞争[①]。

第四阶段（1998 年至今）中国银行业市场化改革进一步深化。我国市场金融体系基本确立，银行业也需做出相应改变。在此阶段，我国中央银行体系得到进一步建立和发展。1998 年，中国人民银行进行了机构体系调整，撤销省分行转而设立九大区分行，并分别在北京和重庆设立营业管理部。2003 年 3 月，中国银行业监督管理委员会（以下简称银监会）成立，承接了原属于中国人民银行的监管职能，银行、证券、保险业分业监管模式开始逐步形成。

同时，我国进一步完善了货币政策调控体系。1998 年，中国人民银行取消控制四大国有商业银行贷款限额，完善存款准备金制度，合并法定准备金账户与备付金账户，又恢复了公开市场业务。2002 年 9 月，中央银行票据发行并可对其进行公开市场操作。债券市场和票据市场的完善极大地促进了货币市场和资本市场发展，加强了货币政策的效力。2004 年 10 月，经国务院批准，中国人民银行停止对人民币贷款利率设置上限，而允许人民币存款利率下调。

此外，我国国有商业银行也进一步深化了市场化改革。通过设立四家金融资产管理公司，接收并处置国有商业银行的不良资产，有效地降低了金融风险。2003年 9 月，党中央、国务院提出"建立规范的公司治理结构，转换经营机制，成为产权清晰、资本充足、内控严密、运营安全、服务与效益良好、具有国际竞争力的现代商业银行"这一目标，开始对国有商业银行进行股份制改革。在 2005 年10 月，中国建设银行赴港上市；在 2006 年，中国银行和中国工商银行也都成功上市。

至此，我国的中央银行、银行业监管机构、行业自律组织和银行机构共同组成了多层次、全方面、多功能的银行体系。银监会数据显示，截至 2016 年 7 月底，银行业金融机构资产总额达 212.72 万亿元，负债总额 196.40 亿元。按资产规模对

---

① 1995 年颁布的《中华人民共和国商业银行法》还规定，"商业银行应当按照中国人民银行规定的存款利率的上下限，确定存款利率，并予以公告"，以保证商业银行间公平合理的业务竞争，创造良好的竞争环境。

各类银行机构进行排名，排前四位的分别是大型商业银行、股份制商业银行、农村金融机构和城市商业银行。

随着我国银行业改革的不断深化，银行业系统不断走向完善，在金融体系中持续发挥着重要的作用。

二、中国证券业的发展历程

我国证券市场的产生离不开经济体制的市场化。20世纪80年代初期，随着经济体制改革的深入，我国改变了传统的"既无外债又无内债"的思想。为募集社会资金，国家和企业开始尝试发行国债、企业债和股票，这推动了我国现代证券市场的形成。进一步地，部分机构开始从银行中分化出来，专门开展证券业务，逐步形成了现代的中国证券公司。证券市场在我国经济发展的过程中占据了不可忽视的地位。

第一阶段（1984～1989年）中国证券业的萌芽和起步。1984年，为筹集资金，进一步发展壮大，在董事长兼厂长秦其斌的提议和带领下，上海"飞乐音响"采取"保本保息、自愿认股、自由退股"的形式向社会集体、个人发行股票一万股，并委托给中国工商银行上海信托投资公司代理发行，使其成为我国第一家发行股票的公司，受到了国内外的高度关注。虽然其发行股票的形式和原则在很大程度上类似于储蓄而非投资，但这创新性的举动确实为我国新时代证券业开辟了一条崭新的道路。

1986年，受股票缺乏流动性困扰的启发，黄贵显和胡瑞荃提议建立股票交易柜台，并向人民银行上海分行金融行政管理处提交申请，后在上海市体改办副处长金志的帮助下，该申请得到了上海市市长的认可，随后全国第一个股票交易市场——中国工商银行上海信托投资公司静安证券业务部正式成立。

1987年9月27日，我国首家专业性证券公司——深圳经济特区证券公司（后更名为巨田证券，现已被招商证券兼并）在深圳市成立，由中国人民银行代为管理。1988年，国债柜台交易正式启动，之后中国人民银行陆续拨款，在各省、自治区、直辖市组建33家证券公司，总资产达50多亿元；财政系统也设立多个证券营业网点。这就是我国证券业的萌芽，虽起步较晚，但生机勃勃，迅速成长，并不断发展完善。

第二阶段（1990～1995年）中国证券业的迅速增长。1990年以后，市场对专门交易证券场所的需求越发迫切。因为随着各地证券公司数量的逐渐增多，不规范的柜台交易市场逐渐显露其局限性，和投资者对证券交易的高度热情开始产生矛盾，秩序难以维持，纠纷不断。1990年11月26日，上海证券交易所成立；1990年12月1日，深圳证券交易所成立，各证券经营机构的业务开始转入集中交易市场，标志着我国证券市场的正式形成。到1995年底，我国证券公司数目达到90

多家，资产规模达 831 亿元，与第一阶段成立的规模较小、业务范围狭窄的证券公司相比，这一时期成立了一批大型的证券公司，并由单一的经纪业务转为经纪、承销、自营三大业务并重。

1991 年 8 月，中国证券业协会在北京成立。1992 年，为加强证券市场的宏观管理，响应统一协调股票、债券、国债等有关政策，国务院成立国务院证券委员会（简称政委会），为多部门参加的议事机构，并下设证监会为其办事机构。这些机构的成立，在表明我国证券业迅速发展的同时，也标志着我国资本市场开始逐步进入纳入全国统一监管框架的阶段。

第三阶段（1996～2003 年）中国证券业的有序发展。在此之前，我国金融业偏向于混业经营。银行吸收的资金并没有合理配置，而是投入房地产和证券市场。对市场而言，银行带去的资金往往是庞大的，易导致泡沫，也不利于市场秩序的维持；对银行而言，较为盲目的投资会带来大量的风险；对监管者而言，这些交易行为和资金的具体走向也难以被监管。所以，在经过三年的整顿和改革后，1996 年 7 月 2 日中国人民银行正式发布了《关于中国人民银行各级分行与其投资入股的证券公司脱钩问题的通知》，要求 63 家与人民银行有股权关系的证券公司在规定时间内与人民银行脱钩。于是，证券公司开始与人民银行脱钩，各金融机构（如商业银行、保险公司等）也不再设置证券营业部。1998 年 12 月《中华人民共和国证券法》颁布，进一步确认证券、银行、信托、保险业"分业经营、分业管理"的体制，并从证券公司的经营范围、内控建设、风险防范等方面进行了规范，使得证券业得以有序运行。

2001 年 11 月 27 日，证监会发布《中国证券监督管理委员会关于证券公司增资扩股有关问题的通知》，揭开了民营资本进入证券业的序幕。相比于 1999 年证监会在《关于进一步加强证券公司监管的若干意见》中对证券公司增资扩股条件和程序的规定，此次通知将增资扩股的方式由审批转为核准，虽然所需材料更为复杂，但在审核程序上有所简化，加速了证券公司增资扩股浪潮的来临，促进了证券公司资产机构和股权结构的改善。

2002 年 6 月 1 日，证监会颁布了《外资参股证券公司设立规则》，规定"境外股东持股比例或者在外资参股证券公司中拥有的权益比例，累计（包括直接持有和间接持有）不得超过三分之一"，开启了境外资本进入内地证券公司的步伐，有助于学习境外先进的管理经验和业务运行机制。

截至 2003 年底，我国证券公司数目达到 120 多家，证券营业部超 2600 家，我国证券业在监管下有序发展。

第四阶段（2004 年至今）中国证券业在治理中规范发展。2003 年底至 2004 年上半年，由于体制、机制上的缺陷，证券公司问题渐显，如南方证券有限公司、闽发证券有限责任公司等，金融风险层层积累，一旦爆发便是行业性危机①。

为解决上述问题，2004 年 1 月，《国务院关于推进资本市场改革开放和稳定发展的若干意见》发布，将发展资本市场提升到国家战略任务的高度，从指导思想、相关政策、规范运作、加强监管等九个方面提出意见，规范证券公司的经营。2004 年 8 月，证监会召开专题性全国证券监管工作座谈会，在证券监管系统内全面部署和启动综合治理工作。2005 年 7 月，国务院办公厅转发证监会《证券公司综合治理工作方案》，要求各地区、各部门高度重视、密切配合，共同做好综合治理工作。

2007 年 8 月底，历时三年，证券公司综合治理工作成功结束，基本解决了早期证券公司违规操作、侵害投资者利益等问题，对防范风险和完善各项基础制度具有重要意义。

此外，2005 年 8 月 30 日，为防范个别证券公司风险传递给其他公司，甚至对整个市场造成严重影响，解决遗留的诸多问题，减少风险的逐步累积，国务院独资成立中国证券投资者保护基金有限责任公司。该公司在证券公司被撤销、关闭和破产或被证监会采取行政接管、托管经营等强制性监管措施时，按照国家有关政策对债权人予以偿付。2006 年 1 月 1 日，《中华人民共和国证券法》开始实施，进一步完善证券公司设立制度。2007 年《证券公司监督管理条例》和《证券公司风险处置条例》正式发布实施，进一步完善了证券业的监督管理体制。

从 20 世纪 80 年代初期至今，我国证券公司历经了成立、发展、壮大的过程，现已在我国证券市场上占据重要的地位。特别是在综合治理成功收官之后，我国的证券行业制度不断健全，体系不断完善，规模不断扩大，无论是公司数量还是资产数量，都得到了显著增加②。

三、中国保险业的发展历程

我国保险业历史悠久，一般认为，1805 年由英国人在广州设立的于仁保险公司是我国最早的保险公司，而上海的义和公司是最早由国人设立的保险公司。同

---

① 证券公司综合治理全景回顾. http://finance.sina.com.cn/stock/y/20070903/08183940218. shtml[2021-03-24]. 资料显示："当时全行业客户交易结算资金缺口 640 亿元，违规资产管理 1853 亿元，挪用经纪客户债券 134 亿元，股东占款 195 亿元；超比例持股 99 只，账外经营 1050 亿元；84 家公司存在 1648 亿元流动性缺口，其中 34 家公司的资金链随时可能断裂。证券公司的风险已经严重危及证券市场安全，波及社会稳定，成为制约证券市场健康发展的突出问题，情况十分严重。"

② 证监会官网统计数据显示，截至 2016 年底我国证券公司共 129 家，总资产为 5.79 万亿元，净资产为 1.64 万亿元，净资本为 1.47 万亿元，客户交易结算资金余额（含信用交易资金）1.44 万亿元，托管证券市值 33.77 万亿元，资产管理业务受托资金总额 17.82 万亿元。

银行业一样，在民国初期，保险业得以兴起，许多民族保险公司成立，然而到了抗日战争时期，保险业遭受到巨大冲击，直至中华人民共和国成立后我国保险业才得以恢复并发展。

第一阶段（1949~1978 年）中国保险业在波折中建立发展。1949 年 10 月，中国人民保险公司在北京成立，是新中国成立以来的第一家国有保险公司，表明我国统一的、具有国家性质的保险机构产生。然而到了 1958 年 10 月，在西安召开的全国财贸工作会议提出，人民公社化后不再需要保险。因此，国内保险业务需停止，必须继续的国外保险业务仍被允许。此后，国内除了上海等地的保险业务能够维持开展外，其余地方均停止。1968 年 12 月，中国人民保险公司的部分业务被分离出去，其中海外业务对外的分保转移至民安保险公司，寿险业务转移至中国保险公司等。在"文化大革命"期间，保险业务被迫停办，整个产业遭受了巨大冲击。

第二阶段（1979~1995 年）中国保险业的恢复发展。1979 年，中国人民保险公司得以恢复营业，这是中华人民共和国成立后的第一家全国性商业综合保险公司，代表我国保险业开始恢复并发展。我国第二家全国性保险公司是中国太平洋保险公司，它以 1987 年交通银行设立的保险部为基础，于 1991 年 4 月成立。1988 年 4 月，我国第一家股份制保险公司成立，名为平安保险公司，在 1992 年改为中国平安保险公司。至此我国三大保险公司即中国人民保险公司、太平洋保险和平安保险开创了保险行业的新局面。而后，股份制商业保险公司也得到了巨大发展。1994 年 10 月，我国第一家股份制商业保险公司天安保险股份有限公司成立。1995 年 1 月，大众保险股份有限公司成立。1995 年 10 月，《中华人民共和国保险法》颁布，规定财产保险与人身保险需分开经营，规定了我国保险业的分业经营制度。

第三阶段（1996~2000 年）中国保险业的规范发展。随着中国人民保险公司、中国人寿保险公司、中国再保险公司和中国保险股份有限公司的成立，我国保险业开始分业经营。众多分业保险公司纷纷成立。1996 年，华泰财产保险股份有限公司在北京成立，永安保险股份有限公司在西安成立，新华人寿保险股份有限公司在北京成立。此外，我国保险市场吸引了大批国外保险公司的进入[①]。同时，我国保险业监管体系也在不断建设中。1998 年 11 月，中国保险监督管理委员会（以下简称保监会）成立，2001 年 2 月，中国保险行业协会成立，保险行业自律监管体系得以建立，这些都表明我国保险业步入规范发展阶段。

第四阶段（2001 年至今）中国保险业的快速发展。2001 年 12 月 11 日，我国

---

① 例如，1996 年 11 月，加拿大宏利人寿保险公司和中国对外经济贸易信托投资公司在上海合资成立中宏人寿保险有限公司，成为第一家中外合资寿险公司，1999 年 6 月，澳大利亚康联金融集团和中国人寿保险公司合资成立中保康联人寿保险有限公司等。

加入世贸组织，对保险业做出承诺：做到高水平、宽领域、分阶段开放。我国保险业不断扩大对外开放，从 2003 年底开始，取消了国外非寿险公司在我国建立公司的限制。截止到 2004 年 5 月，我国保险业总资产超过一万亿元。此外，我国保险业监督管理体系也在不断完善。2001 年 12 月，《中华人民共和国外资保险公司管理条例》发布；2006 年 6 月，《国务院关于保险业改革发展的若干意见》发布；2009 年 2 月，《中华人民共和国保险法（修订）》颁布；等等。据保监会统计，保险业总资产达 167 489.37 亿元。至此，我国保险业进入快速发展阶段，整个保险业欣欣向荣。

第三节　金融机构的业务范围

　　第一节已对金融机构做了大致分类，本节将根据我国对金融机构的划分标准对其进行进一步划分，同时阐明金融机构的业务范围。2010 年中国人民银行发布了《金融机构编码规范》，从制度方面对我国金融机构的类型做出规定，为使分类结果更为直观，各类金融机构及其定义、职能、业务范围等均以表格形式列出。

一、金融机构一级分类

　　《金融机构编码规范》规定了金融机构的一级分类，其编码规则为：长度为一位，采用大写拉丁字母或阿拉伯数字编码，表示金融机构的一级分类。具体分类情况见表 1-1。

表 1-1　金融机构的一级分类情况

一级分类码	金融机构类别	术语及定义
A	货币当局	代表国家制定并执行货币政策、金融运行规则，管理国家储备，从事货币发行与管理，与国际货币基金组织交易及向其他存款性公司提供信贷，以及承担其他相关职能的金融机构或政府部门
B	监管当局	对金融机构及其经营活动实施全面的、经常性的检查和督促，实行领导、组织、协调和控制，行使实施监督管理职能的政府机构或准政府机构
C	银行业存款类金融机构	通过吸收各种存款从而获得资金，并将资金贷给资金需求方或进行其他投资来获得收益的金融机构，包括储蓄机构、信用合作社、商业银行
D	银行业非存款类金融机构	主要包括信托公司、金融资产管理公司、金融租赁公司等
E	证券业金融机构	从事证券类服务业务的金融机构
F	保险业金融机构	从事保险类服务业务的金融机构
G	交易及结算类金融机构	主要包括交易所和登记结算类机构

续表

一级分类码	金融机构类别	术语及定义
H	金融控股公司	依据《中华人民共和国公司法》设立，拥有或控制一个或多个金融性公司，并且这些金融性公司净资产占全部控股公司合并净资产的50%以上，所属的受监管实体应是至少明显地从事两种的银行、证券和保险业务独立企业法人
Z	其他	主要包括小额贷款公司

资料来源：相关分类规则、分类标准及术语等资料来源于中国人民银行发布的《金融机构编码规范》

二、金融机构二级分类

《金融机构编码规范》规定了金融机构的二级分类，编码规则为：长度为一位，采用阿拉伯数字编码在同一一级分类内按顺序编码，表示金融机构的二级分类。具体分类情况见表1-2。

表 1-2　金融机构的二级分类情况

机构所属一级分类	二级分类码	金融机构类别
A-货币当局	1	中国人民银行
	2	国家外汇管理局
B-监管当局	1	银监会
	2	证监会
	3	保监会
C-银行业存款类金融机构	1	银行
	2	城市信用合作社（含联社）
	3	农村信用合作社（含联社）
	4	农村资金互助社
	5	财务公司
D-银行业非存款类金融机构	1	信托公司
	2	金融资产管理公司
	3	金融租赁公司
	4	汽车金融公司
	5	贷款公司
	6	货币经纪公司

机构所属一级分类	二级分类码	金融机构类别
E-证券业金融机构	1	证券公司
	2	证券投资基金管理公司
	3	期货公司
	4	投资咨询公司
F-保险业金融机构	1	财产保险公司
	2	人身保险公司
	3	再保险公司
	4	保险资产管理公司
	5	保险经纪公司
	6	保险代理公司
	7	保险公估公司
	8	企业年金
G-交易及结算类金融机构	1	交易所
	2	登记结算类机构
H-金融控股公司	1	中央金融控股公司
	2	其他金融控股公司
Z-其他	1	小额贷款公司

资料来源：相关分类规则、分类标准及术语等资料来源于中国人民银行发布的《金融机构编码规范》

三、各类金融机构的定义、职能及业务范围

按照上述分类标准，金融机构可具体分类至二级，《金融机构编码规范》给出了上述金融机构的一般定义，这里主要对其职能和业务范围做出阐述，具体情况见表 1-3。

表 1-3　各类金融机构的定义、职能及业务范围

一级分类	机构名称	术语及定义	职能或业务范围
货币当局	中国人民银行	简称央行，是中华人民共和国的中央银行，中华人民共和国国务院组成部门	在国务院领导下，制定和执行货币政策，防范和化解金融风险，维护金融稳定，主要业务包括货币政策、监督稽核、支付体系、经理国库、征信管理等
	国家外汇管理局	中国管理外汇的职能机构，为国务院直属单位，由中国人民银行归口管理	防范国际收支风险、研究外汇管理体制改革、研究外汇市场政策措施、对国际收支等统计、监督全国外汇市场、经营管理外汇资产

续表

一级分类	机构名称	术语及定义	职能或业务范围
监管当局	银监会	国务院直属正部级事业单位	国务院授权，统一监督管理银行、金融资产管理公司、信托投资公司及其他存款类金融机构，维护银行业的合法、稳健运行
	证监会	国务院直属正部级事业单位	依照法律、法规和国务院授权，统一监督管理全国证券期货市场，维护证券期货市场秩序，保障其合法运行
	保监会	国务院直属事业单位	国务院授权履行行政管理职能，依照法律、法规统一监督管理全国保险市场，维护保险业的合法、稳健运行
银行业存款类金融机构	银行	依法设立的吸收公众存款、发放贷款、办理结算等业务的企业法人	经营货币、存贷款业务、信用中介、支付中介、信用创造、金融服务等
	城市信用合作社（含联社）	依照有关规定在城市市区内由城市居民、个体工商户和中小企业法人出资设立的，主要为社员提供服务，具有独立企业法人资格的合作金融组织	办理城市集体企业和个体工商户及实行承包租赁的小型国有企业的存款、贷款、结算业务；办理城市个人储蓄存款业务；代理经中国人民银行批准的证券业务；代办保险及其他代收代付业务；办理经中国人民银行批准的其他金融业务
	农村信用合作社（含联社）	经相关国家部门批准设立，由社员入股组成、实行社员民主管理、主要为社员提供金融服务的农村合作金融机构	筹集农村闲散资金，为农业、农民和农村经济发展提供金融服务，组织和调节农村基金，支持农业生产和农村综合发展，支持各种形式的合作经济和社员家庭经济，限制和打击高利贷
	农村资金互助社	经中国银行业监督管理机构批准，由乡（镇）、行政村农民和农村小企业自愿入股组成	为社员提供存款、贷款、结算等业务
	财务公司	以加强企业集团资金集中管理和提高企业集团资金使用效率为目的，为企业集团成员单位提供财务管理服务的金融机构	由企业集团内部集资组建的，宗旨和任务是为本企业集团内部各企业筹资与融通资金，促进其技术改造和技术进步
银行业非存款类金融机构	信托公司	依照《中华人民共和国公司法》和《信托公司管理办法》设立的主要经营信托业务的金融机构	信托公司以信任委托为基础、以货币资金和实物财产的经营管理为形式，融资和融物相结合的多边信用行为
	金融资产管理公司	经国务院决定设立的，收购、管理和处置金融机构、公司及其他企业（集团）不良资产，兼营金融租赁、投资银行等业务的金融机构	收购、管理和处置金融机构、公司及其他企业（集团）不良资产，兼营金融租赁、投资银行等业务

续表

一级分类	机构名称	术语及定义	职能或业务范围
银行业非存款类金融机构	金融租赁公司	经银监会批准,以经营融资租赁业务为主的金融机构	融资租赁业务、转让和受让融资租赁资产、固定收益类证券投资业务、接受承租人的租赁保证金、吸收非银行股东3个月（含）以上定期存款、同业拆借、向金融机构借款、境外借款、租赁物变卖及处理业务、经济咨询
	汽车金融公司	经银监会批准设立的,为中国境内的汽车购买者及销售者提供金融服务的金融机构	为中国境内的汽车购买者及销售者提供金融服务
	贷款公司	经银监会依据有关法律、法规批准,由境内商业银行或农村合作银行在农村地区设立的专门为县域农民、农业和农村经济发展提供贷款服务的金融机构	办理各项贷款、办理票据贴现、办理资产转让、办理贷款项下的结算、经银监会批准的其他资产业务。贷款公司开展业务,必须坚持为农民、农业和农村经济发展服务的经营宗旨,贷款的投向主要用于支持农民、农业和农村经济发展
	货币经纪公司	经银监会批准在中国境内设立的,通过电子技术或其他手段,专门从事促进金融机构间资金融通和外汇交易等经纪服务,并从中收取佣金的金融机构	境内外外汇市场交易、境内外货币市场交易、境内外债券市场交易、境内外衍生产品交易、经银监会批准的其他业务
证券业金融机构	证券公司	依照《中华人民共和国公司法》规定设立的并经国务院证券监督管理机构审查批准而成立的专门经营证券业务,具有独立法人地位的金融机构	证券经纪,证券投资咨询,与证券交易、证券投资活动有关的财务顾问,证券承销与保荐,证券自营,证券资产管理,其他证券业务
	证券投资基金管理公司	经证监会批准,在中华人民共和国境内设立,从事证券投资基金管理业务的企业法人	证券投资基金管理业务
	期货公司	依照《中华人民共和国公司法》和《期货交易管理条例》规定设立的经营期货业务的金融机构	经营境内期货经纪业务,可申请经营境外期货经纪、期货投资咨询及国务院期货监督管理机构规定的其他期货业务
	投资咨询公司	经证监会批准设立,为证券、期货投资人或者客户提供证券、期货投资分析、预测或者建议等直接或者间接有偿咨询服务的金融机构	投资咨询,投资管理,资产管理,创业投资,实业投资,市场营销策划,企业形象策划,商务咨询、企业管理咨询（咨询类项目除经纪）,知识产权代理（除专利代理）
保险业金融机构	财产保险公司	经保监会批准设立,依法登记注册,从事经营财产损失保险、责任保险、信用保险、短期健康保险和意外伤害保险等财产保险业务的保险公司	财产损失保险、责任保险、信用保险、短期健康保险和意外伤害保险等财产保险业务

续表

一级分类	机构名称	术语及定义	职能或业务范围
保险业金融机构	人身保险公司	经保监会批准设立,依法登记注册,从事意外伤害保险、健康保险、人寿保险等人身保险业务的保险公司	意外伤害保险、健康保险、人寿保险等人身保险业务
	再保险公司	经中国保险监督管理机构批准设立,并依法登记注册的,专门从事再保险业务、不直接向投保人签发保单的保险公司	再保险业务
	保险资产管理公司	经中国保监会会同有关部门批准,依法登记注册、受托管理保险资金的金融机构	受托管理保险资金
	保险经纪公司	经保监会批准设立,基于投保人的利益,为投保人与保险人订立保险合同提供中介服务,并依法收取佣金的金融机构	为投保人与保险人订立保险合同提供中介服务
	保险代理公司	经保监会批准设立,根据保险公司的委托,向保险公司收取代理佣金,并在保险公司授权的范围内代为办理保险业务的金融机构	为投保人拟订投保方案、选择保险公司及办理投保手续、协助被保险人或者受益人进行索赔、再保险经纪业务、为委托人提供防灾、防损或者风险评估、风险管理咨询服务、中国保监会批准的其他业务
	保险公估公司	经保监会批准设立的,接受保险当事人委托,专门从事保险标的的评估、勘验、鉴定、估损、理算等业务的单位	保险标的的承保前的检验、估价及风险评估、对保险标的的出险后的查勘、检验、估损及理算、经保监会批准的其他业务
	企业年金	指企业及其职工在依法参加基本养老保险的基础上,自愿建立的补充养老保险制度	
交易及结算类金融机构	交易所	经国家有关主管部门批准设立的,提供证券、商品、期货等集中竞价交易场所,不以营利为目的的法人	以证券交易所为例,其主要功能是证券交易的场所和设施,其业务包括制定业务规则、审核证券上市申请、安排证券上市、组织监督证券交易、对会员进行监管、对上市公司进行监管、管理和公布市场信息、中国证监会许可的其他职能
	登记结算类机构	经国家有关主管部门批准设立的,为金融交易提供集中的登记、托管与结算服务,不以营利为目的的法人	为金融交易提供集中的登记、托管与结算服务
金融控股公司	中央金融控股公司	中央政府直接投资设立的,对两个或两个以上不同类型金融机构拥有实质控制权,自身仅开展股权投资管理、不直接从事商业性经营活动的有限责任公司或者股份有限公司	专门从事金融机构股权投资和管理

续表

一级分类	机构名称	术语及定义	职能或业务范围
金融控股公司	其他金融控股公司	由自然人、企业法人或其他社会组织依法设立的金融控股公司	专门从事金融机构股权投资和管理
其他	小额贷款公司	由自然人、企业法人或其他社会组织依法设立，不吸收公众存款，经营小额贷款业务的有限责任公司或股份有限公司	小额贷款业务

资料来源：相关分类规则、分类标准及术语等资料来源于中国人民银行发布的《金融机构编码规范》，内容由笔者整理

第四节　金融监管体系

金融市场是一个范围大、涉及面广、资金总量巨大、相关机构复杂、专业知识繁多且发展更迭快速的市场。金融市场的良性发展对社会经济快速发展具有决定性的作用。当前，我国的金融政策主要以防控金融风险、服务经济发展为主要目标，强调了建设并完善高效有序的金融监管体系对防范金融风险有重大意义，同时强调进一步实现金融服务于实体经济。金融体系的良好运行离不开高效的金融监管体系，在 2018 年 4 月 8 日，中国银行保险监督管理委员会正式挂牌成立，结束了原来证监会、银监会、保监会三会并行的监管体系，银监会和保监会合并形成中国银行保险监督管理委员会，同时国务院金融发展稳定委员会的成立形成了国务院统筹协调金融稳定和改革发展重大问题的议事协调机构。随着金融市场的不断改革发展，金融监管体系也随之进步和完善，并发挥越来越重要的作用。

一、金融监管的相关概念

金融监管指一国或地区的中央银行或其他金融监督管理当局依据国家法律法规的授权对金融业实施监督管理。中央银行成为整个监管体系的主体，代表社会公众利益，以国家法律作为行使权力的制度保障。这里的金融监管是狭义的，仅指国家的中央银行或其他监管当局行使监管权力；而广义的金融监管还包括金融机构的内部控制、金融各行业自律性组织监管、社会性监管组织监管等。

金融监管具有三个最为重要的因素，分别是行使监管职权的金融监管主体、接受金融监管当局监管的金融监管客体（主要指金融中介机构、工商企业、投资者等）、金融监管的工具（也为监管当局行使监管职权的方式、手段）。金融监管对整体金融体系健康高效运行具有重大意义。首先，金融的本质决定了对其进行有效监管是十分必要的。金融实现了资金从盈余者向缺少者的转移，而这庞大的资金总量均来自社会各界，广泛吸收各个部门或个体的资金，并投入那些能够创

造社会价值的部门中，进一步实现社会资源的优化配置，涉及范围广阔、资金总量巨大，因此，需要强有力的监督管理以保证金融体系的健康运行，以此维护社会稳定。其次，金融监管能够维护社会经济安全，有效防范金融风险。1997年亚洲金融风暴、2008年的次贷危机等诸多实例都表明了金融体系具有一定的风险，一旦风险超过可以控制的范围，其引发的金融危机将会引起世界范围内的金融和经济危机。因此，有效的金融监管可以从一定程度上减少和防范金融风险。最后，金融监管能够使中央银行的货币政策有效执行。中国人民银行的三大传统货币政策手段需要金融市场中的各种金融工具加以实施，为保证这些政策工具能够有效发挥作用，就需要机制稳定、运行良好的金融环境。金融监管能够防止混乱的金融秩序、约束各金融机构的行为规范，保证中国人民银行货币政策有效发挥其调控作用。

金融监管的目标随着社会经济发展在不断变化。1986年颁布的《中华人民共和国银行管理暂行条例》明确目标为"加强对银行和其他金融机构的管理，保证金融事业的健康发展，促进社会主义现代化建设"；1994年颁布的《金融机构管理规定》则注明"维护金融秩序稳定，规范金融机构管理，保障社会公众的合法权益，促进社会主义市场经济的发展"；1995年颁布的《中华人民共和国中国人民银行法》规定"中国人民银行依法对金融机构及其业务实施监督管理，维护金融业的合法、稳健运行"；1995年颁布的《中华人民共和国商业银行法》指出"保护商业银行、存款人和其他客户的合法权益，规范商业银行的行为，提高信贷资产质量，加强监督管理，保障商业银行的稳健运行，维护金融秩序，促进社会主义市场经济的发展"。

金融监管的总体目标是保障国家货币政策和宏观调控措施的有效实施，防范解决金融风险，保护存款人利益，维护金融机构合法权益，创造公平竞争环境，维护金融系统的稳定。金融监管处于不断完善的过程中，不断产生出与时俱进的新含义。一系列金融监管体系变革也表明，提高金融风险防范能力，促进金融服务实体经济是监管的重要目标。

金融监管体系指一系列监管法规和监管组织机构组成的体系，在本书前面的章节已详细阐述其中金融监管当局和金融监管对象的含义，这里将重点分析中央银行与监管当局的关系。

中央银行是最早的金融监管当局，其监管作用从最初设立起便存在，或者说发挥监管能力是其设立的目的之一。中央银行制度距今已有300多年，其职能主要为货币发行、组织资金清算、最后贷款人职能等，有助于体系稳定和风险防控，这与金融监管的目标相一致。1914年，美国联邦储备体系建立，标志着现代中央银行制度的建立。现代中央银行的重要工作是制定并执行货币政策，其实质是金融调控过程，金融监管对保证中央银行有效施行货币政策具有重要作用。20世纪

80年代之后，世界各国转变其金融监管理念，更加重视对微观金融活动的监管，中央银行则发挥其宏观经济调控作用，为此，诸如英国、波兰、澳大利亚、日本等国将中央银行的监管职能分离，设立专门的金融监管机构。

我国分别于1992年、1998年和2003年成立了证监会、保监会和银监会，将证券、保险、银行监管从中央银行中分离出来。虽然中央银行的监管职能不断减弱，但其仍在一定程度上参与金融监管。2008年爆发的金融危机使各国调整金融监管任务，加强风险防范。至此，中央银行的监管职能恢复了重要地位。中央银行对维护国家经济和金融稳定具有重大贡献，是监管当局中十分重要的角色。

二、金融监管体系的发展历史

在介绍金融监管体系的发展历史之前，有必要先明确几个概念。

金融监管模式指监管机构确定被监管对象的标准，可以分为功能监管和机构监管模式。前者指按经营业务性质划分被监管对象，如可以分为银行业务、证券业务和保险业务等，在开展工作时，只对上述不同业务区别监管，不考虑经营这些业务的金融机构性质；后者指按金融机构自身性质划分监管对象，如分别对银行机构、证券机构、保险机构等进行监管。上述两种模式各有利弊，功能监管的专业性较高，但较难协调同一金融机构中的各个监管部门工作；机构监管对机构的系列产品或服务监管较为有效，但机构内部不同业务间的监管往往缺乏协调性。

此外，金融监管模式还可按经营业务的集中或分散程度分为分业监管模式、混业监管模式（也为集中监管模式）和不完全集中监管模式。分业监管模式下，银行、保险、证券业均存在对应的监管机构，如中国、德国、波兰等倾向分业监管。混业监管模式下，最高金融监管当局统一监管各类金融业务，如日本、韩国、新加坡等倾向混业监管。不完全集中监管体制结合了分业监管和混业监管模式的特点，又可以分为牵头监管模式和"双峰"监管模式。牵头监管模式指存在一个独立的机构牵头协调各分业监管机构。"双峰"监管模式指存在两种监管机构，一种专门开展宏观审慎监管以防范系统性金融风险，另一种对金融机构的业务及其经营规范进行监管。

上述对金融监管模式的阐述能够更好地解释金融监管体系的发展历史，而其可以大致分为三个阶段。

（一）混业监管阶段

在20世纪30年代以前，机构以混业经营为主，其中银行业占据各经营业务的主体，证券和保险业较为弱小。美国的一些商业银行被允许从事证券业务，尤其是州银行甚至可以从事一切证券业务。1927年，《麦克法登法案》颁布，赋予国民银行承销和自营证券业务，以此大大加强了国民银行开展混业经营的能力。由于各金融机构广泛地开展混业经营业务，此时相对应的即是混业监管模式，最高监管当局一般为中央银行，当时的英格兰银行、法兰西银行、德意志银行和美国联邦储备系统（The Federal Reserve System，以下简称美联储）都是比较典型的监管机构。

（二）分业监管阶段

在 20 世纪 30 年代，经济危机的爆发改变了各国对金融监管的认识。混业监管在较为宽松的经济环境中显得能力有限，各金融机构的混业经营也促使监管部门加大工作力度。1933 年，《格拉斯-斯蒂格尔法案》宣布银行和证券、银行和非银行机构分业经营，禁止商业银行从事证券交易业务，限定其只能从事与银行业有关的业务，这部法案确定了美国分业经营的格局，对其他各国推进分业经营制度有重要影响作用。此外，美国又开始实行《1933 年证券法》，于 1934 年颁布了美国《1934 年证券交易法》并设立了证券交易委员会，将对证券业的监管职能划分出去。美国严格的分业监管模式发挥了巨大作用，使社会经济得以在较为安全稳定的环境中发展，极大地改善了整体金融环境，增强了人们的信心。作为一个成功的监管模式，分业监管逐渐在世界各国传播开来，英国、澳大利亚、新西兰、日本等国均尝试过此种模式。

同时，混业监管模式仍存在于法国、德国等国家，在这个阶段形成了两种监管模式并存的局面：代表分业监管的美国等国家及代表混业监管的德国等国家。

（三）再次混业经营下的监管模式

进入 20 世纪 70 年代，金融环境越加宽松，各种类型的证券、保险公司不断崛起，商业银行的传统经营模式受到挑战，各种类型的金融工具和服务层出不穷，银行、证券、保险业务之间的界限逐渐模糊，金融机构再次向混业经营的方向发展。

到了 20 世纪 90 年代，全球化的金融市场逐渐壮大，由此产生了国际性的大型金融机构。例如，花旗集团和汇丰集团，它们的出现不仅代表了混业经营的进一步发展，同时表明了金融市场已能够突破地理的限制。1999 年《金融服务现代化法案》颁布，该法案通过了持股公司下属子公司的混业经营业务，证券和保险公司甚至可以参与商业银行业务，从制度层面上宣布了美国再次开展金融的混业经营。美国的这一转变引得英国、日本、韩国等其他国家纷纷效仿。然而，亚洲金融危机、美国次贷危机等一系列金融危机的发生，都表明了混业经营和监管模式有一定的局限性，对金融风险的防控能力有限，因此，各国对金融监管模式的探索仍在不断进行，未来一个较为安全有效的金融监管模式还在不断研究和建设中。

上述金融监管体系的发展历史表明了分业监管和混业监管模式都具有一定的优势与局限。分业监管具有明显的专业性优势，能充分发挥不同金融业务监管部门的专业化工作能力，有利于各个监管机构间的有效竞争，进而提升其监管能力。但分业监管模式下各监管部门缺少协调性，监管成本较高；混业监管能够有效节约监管成本，能够有效确定监管部门的权力和责任，不易产生推脱责任等情况，但此种监管模式对金融风险的防控能力较为有限；不完全集中监管体制综合上述两种模式的优点，能够有效提升监管效果。牵头监管模式解决了分业监管下的各监管机构不协调问题，这样既保留了分业监管的专业化优势，又使得牵头机构能够发挥其统领协调作用，而"双峰"监管模式也具有上述优势，分别从宏观审慎监管、防止系统性金融风险和规范金融机构经营业务两个方面发挥作用，是值得进一步尝试并发展的金融监管模式。

三、主要国家金融监管体系

美国和英国具有历史悠久的金融体系，它们在建设金融监管体系中的探索具有重要参考价值。因此，研究其金融监管实践体系对我国深化金融改革和完善金融监管体系有重要意义。

（一）美国金融监管体系概览

美国的金融监管体系变迁主要分为 1999 年《金融服务现代化法案》颁布后的伞式+功能监管体制模式和 2010 年《多德-弗兰克华尔街改革与消费者保护法案》颁布后的严格金融监管体系。

《金融服务现代化法案》使得银行、证券和保险公司混业经营，同时开创了伞式+功能监管模式。这种模式综合了机构监管和功能监管。其中，银行业受到财政部货币监理局、联邦储备银行等部门监管，证券期货业受证券交易委员会等的监管，保险业由各州保险监管局负责，而自银行业能够参与证券业务后，美联储等银行业监管机构仍保留对银行所有业务的监管。此外，银行从事的证券业务也会被证券交易委员会等证券业监管机构监管。该法案还规定：同时从事银行、证券、保险、互助基金等业务的金融持股公司实行伞式监管制度，美联储为伞式监管人，而这些公司同时又根据其不同类型的业务分别接受对应的不同类型的功能监管人的监督，这要求伞式监管人与功能监管人具有一定的协调配合。分业经营使得这种监管模式能够涉及金融业务的方方面面，有效地促进了美国金融市场的安全稳定，但这种模式也存在局限性，两类监管人的协调和功能重复存在一定问题。

次贷危机后颁布的《多德-弗兰克华尔街改革与消费者保护法案》是基于对危机爆发的反思而推出的金融监管体制改革，修正了原有监管体系存在的问题，其目标在于建设对相关问题的问责机制并提高金融监管的透明度，强调保护消费者合法权益。该法案从以下几个方面做出规定：新设立金融稳定监督委员会等七个机构，并进一步协调各金融监管机构的工作；对金融体系的宏观审慎监管提出了更高的要求；防止"大而不倒"现象，加强财政部、美联储等监管机构对倒闭金融机构的破产清算；强调对金融衍生品的监管；严格监管相关信用评级机构；严格防范对冲基金的金融风险；等等。

（二）英国金融监管体系概览

英国在金融监管领域曾进行多次改革，尝试不同类型的金融监管模式。在英国颁布《银行法》（1979 年）以前，主要由金融机构自律监管，英格兰银行只起辅助作用。在 1979 年到 1996 年，英国颁布了两部重要法律，《1979 年银行法》从法律上使得英格兰银行实际具有金融监管权，但这一监管体系仍存在缺乏监管效力等问题，因此，《银行法》（1987 年）进一步完善了监管制度，该法案废除了金融监管双轨制、允许英格兰银行对金融机构的人事监督、要求对银行股东和高管进行审核、英格兰银行对从事风险较大业务的金融机构拥有审查权等。该法案赋予了英格兰银行较大的自主权，保留了一定灵活度。1997 年，英国实施了新的金融监管改革方案，英格兰银行不再具有监管权，强调证券投资委员会的监管作用，甚至将其逐渐转变成为金融服务监管局，赋予其银行、证券、保险业的监管权力，这意味着英国开始实行混业监管模式，金融监管局内设 9 个专业分工机构，分别对银行、证券、保险、期货、互助金融、住房信贷等方面进行监管。这一转变对应于英国金融体系变为混业经营制度，具有较强的监管效力。在 2008 年次贷危机后，英国政府颁布了《2010 年金融服务法》，将金融稳定作为金融监管局的首要目标，同时增加其监管职权。但随后颁布的《2012 年金融服务法》废除了金融服务管理局，将原有的监管职权赋予英格兰银行下设金融政策委员会、审慎监管局和金融行为监管局，从不同方向对金融体系加以监督。

当前，英国采取类似于"双峰"的监管模式，相似之处在于由审慎监管局对各金融机构进行监督，保持金融系统的安全稳定，而金融行为监管局则对金融机构的经营业务进行监督，不同之处在于金融政策委员会成为英格兰银行下设委员会并进行宏观审慎监管，英格兰银行作为监管主体领导下属监管部门，这种模式称为"准双峰"模式。

本节对各国金融监管体系的发展历史做出简要介绍，旨在对各类监管体系做出实践经验介绍，以形成金融监管体系的基本概念，更加详细的介绍请参考《金融监管学》等相关书目。

四、中国金融监管体系

为了促使金融市场安全、稳定、高效地运行，建立并完善金融监管体系具有重大意义，本节将梳理我国金融监管体系的发展历史，并从中得到实践经验和教训，进一步提出建设性建议。

（一）中国金融监管体系的历史沿革

1. 计划经济时期的"大一统"管理

1949～1978 年，我国为计划经济体制，金融体系也随之"大一统"。中国人民银行是唯一一家金融机构，其他金融部门，诸如中国银行、中国建设银行和中国人民保险公司仅仅是中国人民银行或财政部内部的职能部门。此时，金融体系主要是银行业，从事存贷款和计划拨款活动，中国人民银行同时实行货币政策、履行信贷职能并对自身进行管理。如此高度集中的金融体制下实际上不存在明确的金融监管职能。

2. 重点关注银行监管时期

1979～1991 年，我国经历了改革开放，并不断进行金融体系的改革。1979年恢复了中国农业银行，成立了国家外汇管理局，重建中国人民保险公司，在各地方逐渐形成了信用合作社和投资公司。随着金融体系的不断丰富和发展，需要有对应的金融监管体系予以监督，因此，国务院赋予中国人民银行在银行、证券、保险、信托等业务方面的监管权力，此时的监管模式为混业监管模式。

3. 分业监管模式的最初建立

1992～2003 年，许多新的金融监管机构得以建立。1990 年上海证券交易所和深圳证券交易所成立。为了适应证券业的迅速发展，国务院在 1992 年设立证监会和国务院证券委员会，专门应对股票发行的监管。在 1997 年亚洲金融风暴后，国务院进一步对证券业监管进行改革，将国务院证券委员会并入证监会，同时将中国人民银行对证券的监管权转移到证监会。1998 年，国务院设立保监会，对保险业的监管权也从中国人民银行转移至保监会。2003 年，第十届全国人大一次会议上设立了银监会。至此，我国金融监管体系里的"三驾马车"正式成立，我国进入分业监管时代。

4. 分业监管模式的建设和完善

2004 年至今，我国金融体系得到进一步发展和完善，不仅在法律层面上对《中华人民共和国证券法》《中华人民共和国公司法》进行完善修订，对金融监管机构的职责和任务做出明确规定，同时也强调金融监管机构间的协调配合。为了适应金融逐渐全球化的要求，应对金融业混业经营的趋势，严防金融危机的发生，2017年11月，国务院金融稳定发展委员会正式成立，进一步推动服务实体经济、防控金融风险和深化金融改革三项任务的完成。2018年4月8日，银监会和保监会正式合并成立中国银行保险监督管理委员会，对银行业和保险业进行统一监督管理。当前，我国金融监管体系仍在不断改革发展过程中。

（二）中国金融监管体制改革的建议

1. 加强宏观审慎监管，严防系统性风险

为了适应金融市场的混业经营趋势，银监会和保监会已合并成为中国银行保险监督管理委员会，从此结束了"三会并行"的格局，同时国务院金融稳定发展委员会的成立标志着国务院统筹协调金融稳定和改革发展。根据发达国家已有的发展经验来看，混业经营的不断发展和金融创新及开放都会引起系统性金融风险。因此，监管当局应进一步顺应发展形势，不断深化金融体制改革，严防系统性风险。

2. 完善金融监管法律法规体系

中国金融市场处在不断发展的过程中，原有的分业经营制度也有了混业经营的趋势，同时全球金融形势也处于不断变化中，而中国原有的关于金融监管的法律法规体系仍是针对过去的金融体系，即使有相关的政策性文件不断发布，但这些文件往往难以从法律的层面对金融体系加以管理，因此需要进一步完善金融监管法律法规体系，为监管当局开展工作提供法律保障和政策支持。

3. 完善市场退出机制，切实保护投资者

金融体系的最终目的是服务于人们的生活，中国建设高效有序的金融体系将极大地促进社会经济发展并提高人民生活水平，而这离不开完善的金融监管体系。社会公众投资者往往不具备专业的金融学知识，难以辨别金融风险并做出正确决策，再加上金融市场中存在的信息不对称等问题，其自身合法权益往往会受到侵害，因此，需进一步完善金融市场的退出机制，保护投资者合法权益。

4. 完善金融行业自律监管

金融市场发达国家的经验表明金融各行业和金融机构内部实行自律监管具有重要作用，金融机构自身对其内部运营状况和潜在的风险较为了解，同时也具备足够的专业知识和技术进行修正与管理，因此，应重视金融行业和金融机构内部的自律性监管。此外，应从职业道德和专业技术等方面，进一步加强对金融行业从业人员的培养，对违法违规者予以严厉处罚。

第二章　国家治理、金融治理与金融服务实体经济

从古至今，治理一直存在于各个国家，且在不同时期不同地区具有不同的侧重维度，而国家治理也一直是一个世界范围内普遍存在的政治现象，是人类社会政治文明的产物。党的十八届三中全会首次提出"国家治理"概念，将"治理"这一概念上升到国家战略与法理的高度，其不仅极具中国特色，还是对西方传统治理理论的学习借鉴，是我国改革开放理论和实践的一次重要突破。金融治理是国家治理的重要组成部分，促进金融服务实体经济，不仅是当前金融治理的关键内容，还是推进国家治理体系和治理能力现代化建设的重要环节。基于此，本章先从治理理论入手，立足于我国国情及相关政策，分别对国家治理、金融治理等概念进行梳理界定，对金融服务实体经济的内在要求等问题进行分析，提出相关政策建议。

第一节　国家治理概念的提出及界定

一、治理的起源与基本特征

英文中"治理"（governance）一词源于古典拉丁文与古希腊语，主要意思为控制、引导和操纵。长期以来，"治理"与"统治"在国家公共事务层面交叉使用。1989 年，世界银行首次使用"治理危机"一词，"治理"逐渐被用到政治发展研究中。进一步地，"治理"被扩展到政治、经济、社会等多个领域中，成为惯用词汇。

通过在"治理"一词前加各类修饰限定词语，出现了一些新的概念和专业术语，如"社会治理""全球治理""网络治理"等。随着社会的发展和研究的不断深入，治理的相关理论与实践逐渐涉及社会的诸多方面，各类关联词汇也随之产生。综合来看，"治理"这一词语的内涵已经有较为深远的扩展与应用，被赋予了更多时代化的性质与色彩。

20 世纪 90 年代，治理理论在西方国家兴起。对于"什么是治理"这一问题，诸多学者展开讨论。其中，詹姆斯·N. 罗西瑙作为治理理论的主要创始人之一，在其代表作《没有政府的治理》一书中将"治理"定义为一种由共同的目标支持的活动，这些管理活动的主体未必是政府，也无须依靠国家的强制力来实现（罗

西瑙，2001）。1995 年，联合国全球治理委员会在《我们的全球伙伴关系》的研究报告中，将治理界定为"各种公共的或私人的个人和机构管理其共同事务的诸多方式的总和"，这是国际上较为权威的界定[①]。

我国著名学者俞可平在《治理与善治》中对"治理"做出如下定义：治理一词的基本含义是指在一个既定的范围内运用权威维持秩序，满足公众的需要。治理的目的是在各种不同的制度关系中运用权力去引导、控制和规范公民的各种活动，以最大限度地增进公共利益。从政治学的角度看，治理是指政治管理的过程，它包括政治权威的规范基础、处理政治事务的方式和对公共资源的管理。它特别地关注在一个限定的领域内维持社会秩序所需要的政治权威的作用和对行政权力的运用。

治理和管理紧密联系又有所升华，并且明显有别于传统的统治模式。首先，治理消除了管理中存在的主客体区别，并且比统治有了更加多元化的主体，包括政府、社会组织、企业等，更加强调具有协同性而非强制性的共同管理；其次，治理的权力可以是一个自上而下的过程，更可能是相对平行的互动过程，而传统的管理与统治则是通过从上而下的过程进行运作；最后，传统的管理与统治主要通过国家法律维护权威，而治理的权威来源除法律外还包括不具有国家强制性的契约约束。

治理的界定仍存在着多样性与一定的模糊性，具有丰富且包容的内涵，这一扩展不仅体现了人类推进政治文明进步的新理念与新思路，也表明了人类在社会发展探索过程中有了更深刻的认识与理解。总体来看，从传统的统治模式走向治理是世界各国政府管理体制变革的主要趋势，治理作为一种工具，具有一定的普遍适用性，符合人类社会发展的历史规律，并且能够代表人类社会发展的基本方向。但同时，在普适性的前提下，进行治理一定要与各国国情相结合，进而表现出充分的多样性。

二、中国背景下的国家治理的提出与含义

20 世纪 90 年代末以来，国内学者逐渐对治理理论和实践展开研究。但是，研究实践表明，我们不能照搬西方理论，基于我国本土化的治理理论才能在我国实现价值。

---

① 联合国全球治理委员会在《我们的全球伙伴关系》的研究报告中界定：治理是使相互冲突的或不同的利益得以调和并且采取联合行动的持续的过程。既包括有权迫使人们服从的正式制度和规则，也包括各种人们同意或以为符合其利益的非正式的制度安排。它有四个特征：治理不是一整套规则，也不是一种活动，而是一个过程；治理过程的基础不是控制，而是协调；治理既涉及公共部门，也包括私人部门；治理不是一种正式的制度，而是持续的互动。

　　改革开放以来，中国共产党不断探索社会主义国家的治理方案，开辟了具有中国特色的社会主义道路，在这一过程中不仅取得了巨大的经济建设成果，还在政治、社会、文化等各方面的体制改革中取得了卓越进步。党的十六大提出了"党领导人民治理国家"①的理念，党的十七大报告提出"要坚持党总揽全局、协调各方的领导核心作用，提高党科学执政、民主执政、依法执政水平，保证党领导人民有效治理国家"②。

　　"治理"一词是党的十八届三中全会《中共中央关于全面深化改革若干重大问题的决定》（以下简称《决定》）中的一个关键性概念，《决定》中多次提及"治理"并对其进行了全面具体的论述。十八届三中全会提出，全面深化改革的总目标是"完善和发展中国特色社会主义制度，推进国家治理体系和治理能力现代化"。此次提出的国家治理概念极具中国特色，在中国特色社会主义道路中具有独特的历史方位。

　　"国家治理"这一概念的提出，明确地将"治理"作为实现我国全面深化改革的目标与路径，使国家治理体系和治理能力现代化具有了国家战略层面的重要意义，是我国改革开放理论和改革战略的一次重要突破。长期以来，"治理"一词持续作为一个学术层面的概念，存在于相关研究中，而此次"国家治理"概念的提出首次将治理提升到法理及国家战略的高度上，表明中国改革已进入通过建立健全系统完备、科学规范、运行有效的制度体系，从而达到国家有效治理的新阶段。

　　总结而言，"国家治理"作为全新的政治理念，是马克思主义理论的重大创新和党的治国方略的重大转型，也是中国共产党执政成熟的重要标志和长期执政的必然选择。

　　十八届三中全会提出全面深化改革的总目标——"完善和发展中国特色社会主义制度，推进国家治理体系和治理能力现代化"作为全面深化改革总目标的重要内容，对国家治理体系和治理能力现代化具有重要战略意义与改革目标理性价值。因此，对于"国家治理"这一概念的基本含义，我们应该全面、深刻地进行理解把握。

　　首先，"国家治理"这一概念包含治理理论的基本价值。《决定》中提到"治

---

　　① 全面建设小康社会，开创中国特色社会主义事业新局面——在中国共产党第十六次全国代表大会上的报告. http://www.most.gov.cn/zxgz/jgdj/xxyd/zlzx/200905/t20090518_69741.html [2021-10-10].

　　② 高举中国特色社会主义伟大旗帜　为夺取全面建设小康社会新胜利而奋斗——胡锦涛在中国共产党第十七次全国代表大会上的报告. http://www.most.gov.cn/szyw/yw/200710/t20071026_56736.html[2021-10-10].

理"的概念包括国家治理、政府治理、社会治理、社区治理、治理体系、治理能力等，涉及治理体系的结构层次、方式方法、组织人员等诸多方面。因此，从词组表述上来看，这与西方的治理理论存在着共同与关联之处。

我国关于政府职能转变的部署，十八届三中全会指出："科学的宏观调控，有效的政府治理，是发挥社会主义市场经济体制优势的内在要求。必须切实转变政府职能，深化行政体制改革，创新行政管理方式，增强政府公信力和执行力，建设法治政府和服务型政府。"[①]这是对国外治理实践中有限政府、服务型政府等概念的借鉴和学习。

此外，我国的社会治理也是在西方治理理论基础上探索、调整而来的。十八届三中全会指出："坚持系统治理，加强党委领导，发挥政府主导作用，鼓励和支持社会各方面参与，实现政府治理和社会自我调节、居民自治良性互动。"这是对政府与社会相互结合的具有互动性的社会治理体制探索，也是多方参与、多元主体的社会治理体制探索，其中，多方参与、多元主体正是西方治理理论的核心内涵。

其次，"国家治理"虽是基于治理理论发展而来，但它同时也是基于中国的发展背景提出来的，具有极其鲜明的中国特色。从历史的角度来看，中国自古就有治国理政的政治文化理念，党的十六大也提出了"党领导人民治理国家"[②]的概念，而十八届三中全会上提出的"国家治理"概念是对其重要的发展与提升，是对改革开放历史任务的总括与升华，更是中国共产党长期执政理念的逻辑演进与必然选择。因此，从历史发展与逻辑演进的双重方面来说，"国家治理"这一概念的内在含义，既包括十六大以来治理理念的延伸发展，又是全面深化改革的顶层目标设计。

从涵盖内容来看，十八届三中全会上提出的"国家治理"概念包括治理体系和治理能力两大部分，二者相辅相成，互为基础与结果，全面构成一个有机的整体。为了实现治理能力现代化，国家治理体系不可或缺，在一个不断发展完善的体系下，治理能力才能充分提升，而治理能力的提升又可以反过来促进体系的完善，二者不可分割。

因此，国家治理体系和治理能力的现代化，就是使国家治理体系制度化、科学化、规范化、程序化，成为一套行之有效的体系，充分发挥中国特色社会主义

---

① 中共中央关于全面深化改革若干重大问题的决定. http://www.gov.cn/jrzg/2013-11/15/content_2528179.htm[2021-10-10].

② 全面建设小康社会，开创中国特色社会主义事业新局面——在中国共产党第十六次全国代表大会上的报告. http://www.most.gov.cn/zxgz/jgdj/xxyd/zlzx/200905/t20090518_69741.html[2021-10-10].

的制度优势。

总结来看，推进国家治理体系和治理能力现代化，必须以坚持中国特色社会主义制度为前提，增进人民福祉，造福社会。中国共产党是国家治理的领导核心，在党的领导下完善和发展中国特色社会主义制度，才能积极实现国家治理体系与治理能力现代化。

理解"国家治理"这一概念的内涵，需要理解当今中国特色社会主义理论的语境。当今"治理"一词在中国的含义，不能片面地从西方治理理论的角度把握，"治理"并非独属于西方政治理念，不同于西方理论中倾向于政府分权、实现社会多中心治理和社会自治的概念；同时，当今的"治理"也不同于中国传统的皇权统治，而是坚持中国特色社会主义道路，坚持中国特色社会主义理论，不断完善中国特色社会主义制度，中国共产党领导人民科学、民主、依法和有效地进行治国理政。

综上所述，党的十八届三中全会上国家治理概念的提出积极汲取了国外治理理论的基本价值，与世界上优秀的制度理念具有相通性，在国外治理理论的基础上取长补短，吸取相关经验，但并不能照搬照抄，而要结合我国的实际国情进行调整和完善。我国提出的"国家治理"概念具有鲜明的中国特色，以中国特色社会主义制度为前提，被赋予了更为独特的含义，其提出与发展符合我国基本国情的逻辑。

因此，为了对国家治理这一概念有更加深刻的理解，必须全面地、准确地、科学地把握全面深化改革背景下国家治理的双重含义。

三、国家治理的基本内容分析

国家治理包括治理体系和治理能力两大维度，治理体系是基础前提，治理能力是目的结果，二者相互支撑，有机促进。可以从多个角度对国家治理展开分析：一方面，可以将国家治理从横向上分为经济治理、政治治理、文化治理、社会治理和生态文明治理几个领域，同时每个领域又可进一步细分，如将经济治理分为企业治理、市场治理等。另一方面，也可以将国家治理分为国家层面治理、地方层面治理等。但是，这样划分相对容易出现部门化的结果，无法形成一个系统、整体且具有协同性的治理格局。

我们更倾向于将国家治理体系看作一个系统，因此，可从以下治理主体、治理机制、治理效果三大要素进行分析。

（一）治理主体

治理强调合作与参与，同时以多元化主体为明显特征，而国家治理概念同样强调多主体治理。具有典型中国特色的国家治理主体应该包括党、政、社、民四个方面，其中，党是指作为执政党的中国共产党的各级组织，政是指国务院及各级人民政府，社是指各类社会组织，民则是指广大人民群众。总之，国家治理作为一个有机系统需要全社会协同参与治理。

中国共产党执政多年来，带领广大人民群众逐步走向国家富强，其作为我国唯一的执政党，是中国特色社会主义建设事业的领导核心，也是我国历史发展的内在要求和必然选择。十八届三中全会指出，全面深化改革的总目标是"完善和发展中国特色社会主义制度，推进国家治理体系和治理能力现代化"，同时也强调，"全面深化改革必须加强和改善党的领导，充分发挥党总揽全局、协调各方的领导核心作用，建设学习型、服务型、创新型的马克思主义执政党，提高党的领导水平和执政能力，确保改革取得成功"[1]。加强和改善党的领导，并充分发挥党的领导核心作用，是全面深化改革的前提条件，更是推进国家治理体系和治理能力现代化的必然要求。

政府在国家治理中处于第一责任主体的地位，因为中央与地方各级人民政府需要对推进国家治理体系和治理能力现代化进行真正的落实。党的十八届三中全会指出，"政府的职责和作用主要是保持宏观经济稳定，加强和优化公共服务，保障公平竞争，加强市场监管，维护市场秩序，推动可持续发展，促进共同富裕，弥补市场失灵"[1]，为此，各级人民政府需要在国家治理体系的经济、政治、社会等领域积极发挥第一责任主体的作用，不仅坚决贯彻和执行各类方针政策，还要主动引导各主体从多方面、多角度进行合作，多元主体协同推进国家治理体系的完善。

国家治理强调多元主体参与，因此，除了各级政府的管理外，还应该包括各类社会组织。十八届三中全会上也明确提出"正确处理政府和社会关系，加快实施政社分开，推进社会组织明确权责、依法自治、发挥作用"[1]。在建设完善国家治理体系的过程中，要促进政府与社会组织间良好合作关系的发展，让各类社会组织承担更多的社会服务职责，充分发挥协同作用，进而实现由政府一元化管理向多元化主体参与管理的形式转变，形成政府、市场、社会间互动的国家治理格局。

为加强社会主义民主政治制度建设，十八届三中全会指出要"畅通民主渠道，健全基层选举、议事、公开、述职、问责等机制""开展形式多样的基层民主协商，推进基层协商制度化，建立健全居民、村民监督机制，促进群众在城乡社区治理、

---

① 中共中央关于全面深化改革若干重大问题的决定. http://www.gov.cn/jrzg/2013-11/15/content_2528179.htm[2021-10-10].

基层公共事务和公益事业中依法自我管理、自我服务、自我教育、自我监督"①。群众路线是党的根本路线，这也在一定程度上强调了群众参与。因此，广大人民群众积极参与国家治理，更有利于建立自上而下与自下而上相结合的政府、社会、群众多方合作的治理模式。

（二）治理机制

习近平在《切实把思想统一到党的十八届三中全会精神上来》的重要讲话中指出"国家治理体系是在党领导下管理国家的制度体系，包括经济、政治、文化、社会、生态文明和党的建设等各领域体制机制、法律法规安排，也就是一整套紧密相连、相互协调的国家制度"②。有了目标，便需要考量"如何治理"，这也就是治理机制问题。治理不同于传统的统治，也不同于一般的管理，治理既强调民主性与参与性，又强调多元性与互动性，因此，治理的机制包括价值和方法两个维度。

根据各国的治理经验，治理包括的价值理念为：合法性、法治、透明性、责任性、回应、有效、参与、稳定、廉洁、公正。我国的科学发展观、社会主义和谐社会、十八届三中全会上提出的"六个紧紧围绕"等，都能体现出人类政治文明的共同价值追求。

从治理的方法维度来看，需要多元手段协同使用。就治理的方法体系而言，应该包括经济、法律、教育、道德等手段，且运用自上而下、自下而上及交相互动等多种方式。总体而言，治理机制既具有价值理念方面的意义，也可以说是一种综合性手段，在国家治理中是一个重要因素。

（三）治理效果

习近平指出，"国家治理体系和治理能力是一个国家的制度和制度执行能力的集中体现，两者相辅相成"③。我们如何得知治理的推进程度如何，取得了怎样的效果呢？就需要对国家治理体系和治理能力进行评价。治理的具体效果则主要取决于治理目标的实现程度，建立科学有效的评价体系有利于客观地监测国家治理的具体推进情况，能够高效地找出不完善之处，并提出有针对性的改进建议，从

---

① 中共中央关于全面深化改革若干重大问题的决定. http://www.gov.cn/jrzg/2013-11/15/content_2528179.htm[2021-10-10].

② 习近平：切实把思想统一到党的十八届三中全会精神上来. http://cpc.people.com.cn/n/2013/1231/c64094-23993888.html[2021-03-27].

③ 习近平：完善和发展中国特色社会主义制度 推进国家治理体系和治理能力现代化. http://cpc.people.com.cn/n/2014/0218/c64094-24387048.html[2021-03-27].

而进一步完善治理体系，提高治理能力，因此，建立国家治理评价体系也是国家治理的重要内容之一。

通过评价体系对国家治理的结果进行分析，可以将抽象的治理概念具体为数字化且具有实操性的指标，这样不仅有利于国家纵向比较自身治理的具体实现程度以观察发展变化，还有利于与世界其他国家进行横向比较，以发现自身优势并对不足之处进行改善与提升。每种治理评价体系都直接或者间接反映了制定者的政治价值，因此，立足于中国的基本国情去建立一套科学有效的、具有中国特色的国家治理评价体系，也是在国际中推广自己的政治价值，去争取自己的国际话语权。

就建立国家治理评价体系而言，需要注意从该概念的两大内涵出发并坚持两个原则。首先，在选择评价指标时要立足中国的国情，体现出中国的政治价值与理念，反映出中国经济社会的重大战略目标与战略决策，充分表现出中国的治理特色。其次，国家治理概念既然借鉴了西方的治理理念，在构建评价体系时也应该学习和借鉴国际其他国家在评价方面的经验与优点，将体现人类社会共同规律价值的指标包括进来。

当前，我国学者俞可平提出了一套相对完整、反映我国整体治理状况的评估体系，包括十二个基本内容，分别是：公民参与、人权与公民权、党内民主、法治、合法性、社会公正、社会稳定、政务公开、行政效益、政府责任、公共服务、廉洁。但从总体来看，当前我国仍缺乏具有系统性、完整性的评价体系，该方面内容也相对处于起步阶段。

第二节　金融治理概念的提出及界定

一、西方金融监管理论与治理演进

在经济全球化、金融形势越发复杂的当下，各国普遍更加关注金融监管。为了使得国家的金融行业能够拥有良性健康的发展及稳定的市场前景，许多国家相继对自身的金融监管体制改革进行了探索与实践，在此过程中逐渐形成了传统的金融监管理论。西方传统金融监管理论经历了几十年的不断演进，主要围绕着"为何进行监管、如何进行监管"等问题展开，并随之形成了许多理论观点，学术界主要将西方的监管理论分为三部分，分别是公共利益监管理论、监管经济理论及监管辩证理论。

（一）公共利益监管理论

公共利益监管理论起源于新古典经济学，产生于 20 世纪 30 年代的金融危机之后。20世纪30年代金融危机爆发的原因之一是市场的过度自由，而公共利益监管理论则进一步强调政府的作用，即危机后需加强政府监管，这一看法也成为当时金融监管的一个理论基础。公共利益监管理论认为，金融监管可以尽可能地减少或者消除自然垄断、信息不对称等因素，进而增进社会福利以实现资源的最优配置。

但是，公共利益监管理论相对属于经济危机的理论产物，因此，主要对经济危机后经济复兴阶段的政府宏观调控提供理论支撑，而不足以对之后的金融监管模式、结构等进行解释。此外，该理论也过度强调政府部门通过监管来保持金融系统的稳定并实现社会利益最大化，这在一定程度上与现实有所脱节。

（二）监管经济理论

为弥补公共利益理论的不足，探索更具现实性的监管理论，20世纪70年代以来众多学者提出了监管经济论、寻租理论、监管失灵论等观点，进而形成了以利益集团理论为核心的监管理论体系，其中，监管经济理论逐渐得到认可和推崇。

监管经济理论最早由Stigler在《经济管制理论》一文中提出（Stigler，1971），经Posner等学者的完善逐渐走向成熟（Posner，1974）。该理论认为公共利益监管理论中所提倡的"公共利益"概念与不同利益集团所追求的不同利益并不统一，监管的真正目的也并非保护全体公民或社会集团的利益。监管主要是为实现部分利益集团的特殊利益而服务，而监管措施也是不同利益集团进行角逐的结果。但是，该理论存在缺陷，虽然关注金融监管主客体间的关系，却忽视了金融体系本身的特点。

（三）监管辩证理论

上面提到的两个理论都是基于静态视角的，忽视了现实中金融市场的变化发展和金融监管主客体的动态性。动态地对金融监管过程进行分析看待，不仅可以使得金融监管更加科学有效且具有灵活性，能够及时对现有的金融监管问题进行解释，同时也能对未来可能出现的问题提前进行预防以便进行有效防范。Kane（1997）从动态的角度对金融监管问题进行解释，认为金融机构（被监管者）与金融监管部门（监管者）之间存在着此消彼长、动态变化的辩证关系，即Kane所谓的"再监管过程"，整体呈现出一个动态博弈的过程。但是，监管辩证理论指出监管的存在是为了满足被监管者的需要，而这种被动性的假设仍有待考证。

20世纪80年代以后，随着金融的不断发展，监管体系需要越来越高的质量来与之匹配，同时，金融监管理论也越来越注重金融治理的实践性和实际可操作性，讲究政府与市场互相合作、协调发展的金融监管模式，进而形成了激励监管理论、功能监管理论、市场纪律监管理论等监管理论。

后期，在金融监管相对放松且金融创新不断推进的过程中，爆发了美国次贷危机乃至全球金融危机，暴露了监管理论在模式与政策等方面的不足。因此，相关的金融监管理论进一步提高对风险的把控，并不断探索更为科学的监管模式和更为有效的政策。

综合来看，相较于金融发展的实践情况，西方金融监管理论往往呈现出一定的滞后性，因此，相关的金融监管理论并不能完全解决西方金融危机等问题，金融监管仍需进一步提升和完善。

2008 年全球金融危机的爆发为世界各国的金融监管敲响了警钟，世界各国进一步认识到加强金融监管的重要性。众多国家着力于提升整体的金融抗风险能力，更为重视对金融监管体系的完善，甚至是重建监管体系，金融治理也发生了很大的转变。

美国的次贷危机主要起源于金融创新的过度化及自由化，在整个过程中，美国高效的金融创新与当时效率低下的金融监管并不匹配，使得国内的金融系统中积累了巨大的风险，进而最终爆发金融危机并蔓延至全球。在金融危机后，美国政府立刻采取了相应的应对措施，对现行监管体系进行了重大调整：一方面，对现有的体系进行整合，建立了金融稳定监督委员会，同时成立消费者金融保护局，另一方面，扩大了美联储的监管权限并加强了对证券化市场的监督管理。最终，美国于 2010 年正式通过了《多德-弗兰克华尔街改革与消费者保护法》及许多相关的配套规定。总之，美国通过此次改革为自身金融监管体制的发展开始了新的征程。

为了维护欧洲共同的市场，在金融危机后，欧盟从已有的法律和实际情况出发，加速完善金融监管体制，建设泛欧金融监管体系等。从 2011 年 1 月起，欧盟逐渐加强了对金融体系的监管，具体措施可以从宏观和微观两方面进行分析。在宏观方面，为了及时监测市场动态，并及时防范系统性风险，建立了欧洲系统性风险委员会；在微观方面，为了协调监管工作，加强对行业的监督，成立了欧洲银行管理局、欧洲证券和市场管理局及欧洲保险和职业养老金管理局。在后续的欧债危机持续发酵中，欧洲单一监管机制得以形成，欧洲央行成为最高级别的金融监管机构。

金融危机对日本经济的冲击较为严重，但对日本金融体系的冲击却较小。金融危机发生后，日本也进一步加强对金融市场的管理，进行了金融监管的改革，提升市场的透明度，使整个金融体系更为高效地运转。具体措施如通过了以"增强日本金融市场竞争力"和"改进金融监管"为核心的金融改革等。

从国际金融监管层面来看，经修订的《巴塞尔协议III》出台，得到了世界各国的支持。此外，从 2011 年开始，美国大力推广金融市场"法人实体识别码"系统，这是一个较为"标准化"的系统，目的是推动世界各国更加重视对金融监管系统的建设，增强对风险的防控，提升宏观审慎监管的能力，促进国际监管体系得到提升。

总体来看，随着整体经济金融形势的复杂多样化，各国都对自身的金融监管体制进行了改革，尤其是在全球金融危机爆发后，各国更加深刻地认识到金融体系中存在的巨大风险，继续深化改革以加强监管，进而更好地对金融风险进行防范。

二、中国金融治理面临的背景

改革开放以来，我国基本建立起了符合市场经济框架的金融体制，使得金融行业整体的实力与风险防范能力均有所提高，这也为抵御 2008 年国际金融危机奠定了基础。但是，这并不代表我们的金融监管体系已经完善。相反地，我国的经济发展相对粗放，监管问题逐渐积累、亟待解决；此外，人民币逐渐国际化，在走向世界的同时面临更复杂的金融环境和随之而来的风险。总之，国内的金融治理面临着较为复杂的新形势。

（一）多层次资金供给体系缺乏，高杠杆风险累积

金融市场的功能之一是为企业提供服务，企业在横向的行业方面、纵向的生命周期不同阶段都具有多样性，其融资需求也会有所差异，因此，金融市场体系应拥有一个相对完整的多层次结构来满足不同企业的需求。然而当前我国的金融市场基本呈现出较为单一的模式，并缺少面向中小微企业及处于早期发展阶段的企业的资金供给体系，资金的配置缺乏有效性。此外，金融市场上缺乏有效的竞争机制，部分企业融资贵、融资难问题凸显。

我国曾在长时间内持续投放大量货币信用，尤其是大规模的固定资产投资计划，释放了流动性，大量增加了基础货币。同时，在一定程度上，财务杠杆可以说是被"滥用"，为了实现经济水平快速提高，地方政府和各类企业部门都处于加大杠杆的状态中，影子银行、隐形债务等问题突出，金融结构的不合理性严重加剧。

上述问题在较长时间内没有得到充分的重视和妥善的解决，都在一定程度上使得风险大量积累，带来如 2015 年股票市场的异常波动，以及部分地区房价虚高等现象。

（二）金融创新度不足，市场监管缺位

当前金融相关的立法尚有不足，政府对金融市场的非经济干预手段并不利于市场的长期有序发展，也不利于金融主体的创新积极性。金融主体的风险防范意识较为缺乏，且在"避险性"上的创新性仍有待提高，已有的各类创新工具也较为表面化，缺乏市场的主要支撑。同时，市场上的信用机制很大程度上都依靠政府来推动建立，形式上仍主要属于国有信用而缺乏自身的稳健性，企业也存在杠杆扩张、借债不还的内在动机，对金融创新的"负激励"作用明显。

金融系统内还存在着众多乱象，资本市场混乱且监管缺位。市场上存在着监管空白与盲区，部分金融机构采取"打擦边球"的行为来获取经济利益，且股市上也存在严重的内幕交易等违规行为，导致股价被操纵。此外，险资入市、互联网金融违规乱象严重，部分监管人员与被监管对象沆瀣一气。整体来看，资本市场乱象较多且较为严重，金融监管也存在长期缺失，这都加剧了潜在的金融风险。

随着人民币国际化进程的推进，国内金融市场日益复杂，与之相适应的金融体制要求也有所提高，政府的宏观调控也面临着更大的难度。此外，各类企业的非理性对外投资与海外并购导致的资本外流压力也给国内金融市场的稳定带来了巨大压力。

（三）多元性治理格局缺乏

利率和汇率是对资金进行配置的决定性因素，市场化的利率和汇率能够有效引导资源有效配置。自我国经济进入新常态以来，市场化改革仍在不断进行，且这一过程仍较为缓慢。目前，我国政府仍对要素价格等有着一定干预，这并不利于充分发挥市场作用和推进经济结构调整。传统的主体单一、方向单一、决策单独的金融监管模式，并不能充分激发市场的活力，也不能促进市场机制的有效发挥。由于政府监管活动并不能及时对市场变化做出反应，金融市场体系也就随之表现出了不健全、不开放的特点。

不同种类的金融机构是进行治理的重要对象，其中，大中型的金融机构有较强的话语权，而小微型的机构则参与性偏弱，整体的市场化程度不高。行业协会等仍有较重的官方色彩，并未充分考虑成员的多元化利益诉求。第三方组织如研究机构、媒体等，公信力尚显不足。

总体来看，我国的金融治理主要强调外部治理而相对忽视了机构自治，当前市场上的治理主要体现为政府主导、自上而下的单一模式，行业的双向开放程度、互动程度都较为缺乏。

三、金融治理的概念与意义

习近平在中共十九大报告中首次提出"现代化经济体系"，他指出"我国经济已由高速增长阶段转向高质量发展阶段，正处在转变发展方式、优化经济结构、转换增长动力的攻关期，建设现代化经济体系是跨越关口的迫切要求和我国发展的战略目标"[①]。其中，金融是现代经济的血液，血脉通，增长才有力。金融是现代经济的核心部分，在建设现代化经济体系的过程中，金融的重要地位与关键性作用日益凸显。同时，金融也是社会主义市场体系的重要组成部分，是一个国家重要的竞争力。

金融制度的竞争力在很大程度上能够决定经济制度的竞争力，因此，金融治理也是国家治理体系的重要组成部分。防控金融风险，维持金融市场稳定、健康发展，一直以来受到高度重视。

党的十八大以来，党中央持续推进金融系统改革完善，不断加强金融监管。党的十九大也要求，深化金融体制改革，健全金融监管体系[①]。这体现了习近平新时代中国特色社会主义思想[②]在金融领域的根本要求，是指导金融改革发展稳定的行动指南，是做好新时代金融工作的根本遵循。

"全球金融治理"的概念是从"全球治理"概念里延伸出来的，在 1997 年亚洲金融危机后逐渐受到关注，在 2008 年金融危机后成为各国研究的焦点。

张礼卿和谭小芬（2016）提出，全球金融治理（global finance governance），是指通过规则、制度和机制的建立，对全球货币事务和金融活动进行有效的管理，包括在全球、区域和国家层面对各种利益关系进行协调。其宗旨是通过维护全球货币和金融的稳定与公平，进而推动全球经济、贸易和投资等各个领域的健康发展。

基于前文对治理的论述，以及对张礼卿和谭小芬（2016）的定义的参考和十九大对金融改革提出的要求，我们可以认为，立足我国国情的"金融治理"主要是指政府金融部门、市场主体和参与金融活动的个人这三者间通过一系列正式或非正式的规则、制度和机制，协调且互动地共同处理金融有关事务的过程。它体现了治理的基本特点，要求充分协调政府、市场和社会三个主体在金融发展中的角色并发挥各自的作用，坚持市场配置金融资源的根本导向，进而更好地服务于实体经济。

---

① 习近平：决胜全面建成小康社会 夺取新时代中国特色社会主义伟大胜利——在中国共产党第十九次全国代表大会上的报告. http://www.xinhuanet.com//politics/19cpcnc/2017-10/27/c_1121867529.htm[2021-10-10].

② 习近平新时代中国特色社会主义思想三十讲课件. http://www.xinhuanet.com/politics/xjpsxkj/[2021-03-28].

在"金融治理"概念的大框架下，政府、市场和社会整体形成自上而下、自下而上相结合的治理模式。政府金融部门在一定程度上将内容多范围广的金融活动事务交于基层，政府自身则在遵循法律法规的范围内致力于金融战略规划、政策标准等的制定与实施，提供金融服务，实施金融监管。总之，金融领域的各参与主体都将有一定的自主权，市场主体能够依法自主经营且对政府监管部门提出制度政策的建议与现时反馈，形成相对公平且良性的竞争氛围，参与金融活动的个人则可以因需自主投资。

为实现真正意义上的"金融治理"，需要具备三个基础性条件：首先，能够形成竞争有序且规范统一的金融市场，市场可以在社会金融资源的配置中起到重要的决定性作用，行业拥有公平且有效的进入退出机制；其次，政府监管部门需要建立健全金融行业的相关政策、制度与标准，并积极完善金融基础设施建设，为推进金融治理提供较为全面的支持；最后，金融市场参与者必须严格遵守法律法规约束，合法从事相关经营活动，加强内部的治理架构，放大在社会中的企业价值，以促进金融业更好地发展。

第三节　金融治理体系建设推动国家治理能力现代化

金融有联结经济部门的作用，是一国的重要竞争力，也是现代国家治理体系的重要组成部分，其中金融治理便是国家治理在金融领域的重要表现。良好有效的金融治理不仅可以助力金融大国迈向金融强国，更是国家治理现代化建设的重要推动力。

一、现行金融治理体系存在的问题

（一）金融治理体系立法框架与配套细则缺乏

当前，我国金融行业的相关法律在立法时主要是以行业与部门为基础进行考量，较多地表达单个部门的诉求与意见，从而导致体系缺乏系统性，对影子银行、互联网金融等新型监管问题缺少高效法律设计，这并不利于金融行业的风险防范与创新发展。现行的金融治理规则主要由行政法规、部委规章和规范性文件等构成，体现了原则性与普适性。但是，目前这些法规制度更多地起到了划分权责的作用，然而其中顶层的金融立法权力与金融治理的监管作用并没有充分地发挥出来。同时，我国现有的金融法律内容虽然较为广泛且具有一定的指导性，但是却缺乏与之相匹配的具体细则，因此，在执行时会因存在较大弹性而导致刚性约束力缺乏。总体来看，建设我国金融治理体系需要有相对应的法律法规做全方位的支持，从而分别在优化金融管理部门间的关系、金融监管部门与市场主体间的关系、金融决策与执行监督间的关系等方面做出指导，以促进金融行业更好更快地良性发展。

（二）金融治理中政府与市场边界模糊

在信息沟通方面，当前的金融监管主要以监管方单向输出为主，而在具体的沟通上有所缺乏，如沟通对象和沟通渠道丰富性不足、沟通方式待改善等。在治理理念方面，市场化监管与依法监管的规则仍需继续完善，立法部门的审查监督仍有缺乏，市场上各类金融机构及其业务、产品等都在一定程度上存在着准入门槛。在监管合作方面，由于分业监管的要求标准不同，各监管部门间的分工协作度不够且缺乏相应的法律法规。总之，当前的金融治理还是主要以政府为核心主导，自上而下的单方向模式，金融行业的发育程度及双向开放程度有待进一步深化，这些也都导致治理中政府与市场的边界模糊且互动不足。政府是国家治理的主要力量，也是国家权力执行者，当前我国金融行业的开放程度与市场化程度都有所提高，各类市场主体拥有的资源逐渐增多且主体意识也逐渐增强，因此，以监管部门单一主导的模式不利于发挥多主体协同治理的主观能动性与积极作用，也会导致监管效力不足和较低的灵活度。只有使得金融市场上多元化主体共同进行治理协作，才能更好地发挥金融治理的效果，进而保证整个金融体系的良性健康运行。

（三）监管协调性仍有待提升

在金融分业监管的模式下，当前的监管表现出较为明显的各自为政的特征，这样易导致治理重叠且效率低下，增加治理成本，还会造成治理的空白盲区。为提升金融监管部门间的协调性，我国曾采取了一系列行动①。

总体来看，金融监管的协调性在不断努力下有明显提升，但是不同部门间协调难度仍然存在。此外，因中央与地方的监管职权与监管目标并不明确，中央与地方的监管部门间在信息共享与监管联动机制上有所缺乏，金融治理在纵向上的协调度也有待改善。在地方监管方面，政府更加注重发展经济金融总量，重准入重审批，而在监管技术与金融风险防范方面仍有所缺乏。

---

① 2003 年中国人民银行设立了金融稳定局，其重要职能之一是对银行业、证券业、保险业的系统性金融风险进行综合分析和评估，提出防范、应对风险的建议；2013 年 8 月，金融监管协调部际联席会议制度建立，由人民银行牵头，协调一行三会的监管；2016 年初，国务院办公厅设立金融事务局，协调一行三会间的行政事务；2017 年国务院确定在中国人民银行设立金融稳定发展委员会办公室；2018 年，银监会与保监会合并为中国银行保险监督管理委员会，作为国务院直属事业单位。

二、金融治理体系建设的认识与选择

(一)对金融业综合经营趋势做出正确认识

随着金融的自由化与市场的发展,金融机构的综合经营受到青睐。一方面,服务多元化成为趋势,综合经营能够更便捷地满足多元的需求;另一方面,通过综合经营可以有效地将金融市场连接起来,实现协同效应最大化以提升自身的竞争力。

西方主要发达国家已确立金融业综合经营的方向,并完善了与之匹配的监管机制。例如,2008 年金融危机后,美国出台了"沃尔克规则",英国出台了"围栏法则",欧盟发布了《卡列宁报告》等。

我国也在逐步推进符合综合经营特点的监管。2015 年 11 月,习近平在《关于〈中共中央关于制定国民经济和社会发展第十三个五年规划的建议〉的说明》[1]中指出:"近年来,我国金融业发展明显加快,形成了多样化的金融机构体系、复杂的产品结构体系、信息化的交易体系、更加开放的金融市场,特别是综合经营趋势明显。这对现行的分业监管体制带来重大挑战。"他还强调:"要坚持市场化改革方向,加快建立符合现代金融特点、统筹协调监管、有力有效的现代金融监管框架,坚守住不发生系统性风险的底线。"

金融业综合经营并非行业的风险之源,对其进行限制反而会产生新的风险。20 世纪 80 年代以来高科技的快速发展极大地提升了金融市场的活动效率,降低了跨业经营的管理成本并且提高了协同业务收益,进而推动了金融综合经营的发展趋势,但这也对存在的分业监管体制与跨行业监管的综合性人才培养带来了挑战。综合经营有利于金融机构通过多元化的业务来对风险进行分散,过度对其进行限制只会产生新的风险。例如,美国曾出台《格拉斯-斯蒂格尔法案》限制国内金融机构的综合经营,但是该限制并没有为银行业提供安全保障,反而导致其业务因长期束缚而面临了更大的风险。

(二)将防范系统性风险作为金融工作的核心

自我国经济步入新常态以来,影子银行、地方政府杠杆、隐性债务等各种金融乱象突出且风险较高,国内的宏观杠杆率需要调整,金融结构的适应性也有待改善,因此,需要重视防范系统性金融风险。2018 年 3 月 28 日中央全面深化改革委员会第一次会议通过《关于设立上海金融法院的方案》《关于规范金融机构资产管理业务的指导意见》《关于加强非金融企业投资金融机构监管的指导意见》三

---

[1] 关于《中共中央关于制定国民经济和社会发展第十三个五年规划的建议》的说明. https://www.ndrc.gov.cn/fggz/fzzlgh/gjfzgh/201605/P020191029595712120771.pdf[2021-12-27].

大金融监管文件,分别在建立高效权威的金融审判体系和提高金融审判水平方面、推动资管业务更加规范合理发展方面、减少不合法的关联交易与利益输送以促进金融与实业的可持续发展方面加强了监管。为对系统性风险进行有效防范,不仅要加强政府的宏观调控与监管,还要促进监管方之间的协调合作,进而弥补各类监管的漏洞。

(三)利用监控政策协助中央银行发挥作用

为何监管政策能产生协助中央银行的效果呢?一方面,货币调控主要是通过中央银行提供的外在货币来影响金融体系的内在货币。金融监管政策可以快速地对市场上的金融机构发挥效益,可以在很大程度上对货币政策传递的效率进行影响,因此,在一个完善有效的监管体系下,中央银行的货币调控政策将发挥更好的效果。

另一方面,对于一个较为稳定且有效的金融体系而言,通常的融资结构表现为以对冲型融资为主并以部分投机性融资为辅。其中,中央银行通常以自身的最后贷款人救助职能去维护并保证金融市场的稳定,而这种职能需要建立在中央银行对金融体系中的融资信息及相关监管信息有所掌握的基础上。中央银行作为最后贷款人,在提供流动性的过程中应遵从巴杰特规则以防范道德性风险。中央银行在对银行提供流动性支持时需要参与到事前事中的监管中来,有效地对监管信息进行共享掌握,才能做出准确科学的救助决策进而提升救助效率。因此,中央银行在金融治理中发挥救助及稳定市场职能时需要掌握相关的监管信息并与监管政策相互配合。

20 世纪 90 年代时,金融监管与中央银行曾倾向于分离,但后期随着金融危机的影响及宏观审慎管理理念的引入,中央银行在宏观审慎管理与防范系统性风险中的关键性作用逐渐建立起来。

(四)建立目标清晰且有执行保证的监管体系

首先,监管体系需要建立明确的监管目标。通常金融领域的监管者也会拥有一定的金融发展目标,在监管与发展的两项目标要求下,监管者一般会倾向于放弃短期效益不明显的监管目标,而去选择更为明显的发展目标,为避免监管忽视的情况出现,建立监管体系时需要对发展与监管之间进行平衡和协调。

其次,监管需要坚持权责应对的原则。监管其实主要为监管者的行为加总,监管的过程总是存在一定的成本,故监管者可能因个人利益损害公共利益。当监管者的权力无法匹配相应的责任时,就会出现权力的滥用及监管目标难以实现的情况,进而导致监管机构出现严重的激励扭曲。若监管者不完全承担监管失误后果的责任，其努力与尽责程度就会低于预期水平，此外为了加强法律法规的约束力，也需要有一定的问责机制对监管者的执行度进行保证。因此，合理的监管分工、严格的激励与问责机制十分重要，从而保证权责相匹配，让监管者的行为向整体利益靠拢。

最后，监管体系需要透明度。在体系中，越是有较高的独立性、越能按照公共利益执行监管的机构，越应匹配更多的监管权力。但是，体系中也存在独立性偏弱的监管机构，对于这些机构就更应加强信息公开要求，促使其遵守规则，因为它们的行为可能更易受到外界因素影响。

三、金融治理现代化的衡量标准

改革开放以来，我国经济社会在从计划经济向市场经济转变的过程中取得了重大的发展。在当前国家治理的框架下，金融治理现代化的评价标准也应该具有常规性与特殊性相结合的特点。一方面，金融治理嵌入国家治理的内容中，其现代化标准也与国家治理体系现代化相关，所以在金融治理的领域中，也需要将国家治理体系现代化的基本特征反映出来。另一方面，金融行业在市场中又有自身的独特性，如高风险、高杠杆等，因此，对系统性风险的防范是其特殊的核心要素。

基于以上的认识，可将我国金融治理体系现代化的评价标准概括如下。

标准一为权责明晰。在金融治理的过程中会涉及不同的治理部门，由于各部门间不能达到完全的信息共享互通，会存在一定的治理交叉或空白区域，因此，需要对各治理主体的权力与责任的边界明晰化以避免责任推诿的情况。明确各自的权责是进行金融治理现代化的关键性内容，在建立金融监管协调机制的基础上加强宏微观监管的配合，进而更好地对金融风险进行防范。同时，在明确权责并合理划分的过程中，既要保障中央金融政策的主体权威性，又要积极调动地方政府的管理积极性，既要避免中央对地方金融管理的过度掌控，也要避免地方对中央金融管理尽职时的非必需干预。

标准二为遵循市场化。国家治理的特征之一是从单一主体、单方向治理转变为多元化主体、协同治理，金融治理作为国家治理的一部分，也应该表现出这样的特征。在金融总资源量约束的情况下，通过发挥金融引导与配置货币资金的功能以促进经济主体最大化效益、最优化配置社会资源，是金融的核心理念，也是金融治理现代化的精髓所在。从遵循市场化的角度来看，金融治理要注重主体的市场多元化，不仅要尊重金融市场组织的地位，对其建议进行合理吸收，更要建立起平等公正的金融管理部门与各类金融组织的互动沟通机制，能够及时高效地将市场的需求反映到金融治理体系中来。

标准三为包容开放。"一带一路"倡议的推进为国内金融发展提供了良好的政策环境，国内银行也在不断推动完善在"一带一路"倡议下的金融战略。通过允许海外企业以独资、合资等方式进入我国金融行业，可以为金融治理现代化提供一定的发展动力。为发展金融市场，不应该仅将资本、人才、经验局限于国内，而应对资本与交易账户进行适当有效的管理以实现投融资的便捷化和宽松化，合理地推进金融企业走出国门，同时也要积极利用国际金融人才与相关建设经验，提高各类金融主体在市场化进程中的竞争力。

标准四为防范风险。金融行业较市场上其他行业而言，更具有高杠杆、高风险的特点。对风险进行有效防范控制，并对金融改革、市场发展、系统性风险防范三者间进行协调平衡，是推进金融治理现代化的基础条件。在推进金融改革的过程中首先应保证遵循金融行业发展的客观规律，在市场可承受范围内实施以避免用力过度的情况发生，这要求改革既要合理推进，又要关注金融治理体系本身的稳健性与风险多样性。同时，随着金融市场环境与发展趋势的复杂变化，对风险进行控制的难度也进一步加大，因此，要尽可能综合考虑到可能出现的各种金融乱象，如影子银行等，通过完善有效的金融治理体系对市场风险进行防范与控制。

标准五为法治金融。依法治国是党领导人民治理国家的基本方略，而金融治理也应该讲求法治金融，在全国人大、国务院批准的中长期规划框架下进行金融立法，从而为金融治理提供全方位保障支撑。在实施法治金融的过程中，要严格发挥全国人大在立法中的主导性作用，并且在立法中要将金融监管部门的目标、权限与职责范围明确化、法律化，以做到执法标准统一、监管尺度统一。同时，在执法过程中也应该受到外部市场的监督与制约，在一定程度上实现过程的透明化。

四、建设金融治理体系现代化的措施

（一）建立起金融治理的中长期规划

在金融改革中引入治理现代化的思维是国家治理的重要内容，中长期的规划不仅有助于优化金融监管与市场的关系，也有助于提升金融治理核心部门的决策与风险应对能力。在制订金融治理的中长期规划时，要处理好各项改革事宜的先后顺序与相互间的配合度，即既要重视金融治理整体的推进效果，又要深入研究并严格把控不同时期、不同侧重层面的治理内容间的关联性与衔接性，在重视规划的同时不能忽视参与者，在形成具体规章制度的同时不能忽视实践效果，进而保证中长期规划的合理有序推进及落实的有效性，尽可能地避免出现顾此失彼的现象。

在中长期规划中，要从顶层设计出发去打破部门利益间的阻隔，加强部门凝聚力，要突出金融治理的主要目的并明确相关监管机构的法定关系，要积极探索并进一步健全金融法律法规，并对不同金融管理部门间存在的重要性争议的立法事项引入第三方的独立评估机构。此外，规划也要积极推进放宽市场行业准入度、推进市场化进程等改革事项以促进金融治理，并培养出更多专业素养高、具有国际视野的金融人才。同时，在建立中长期规划的基础上，还要结合其他改革领域的力量协同推进，如依法治国、政府职能转变等，这样更有助于提高金融市场上资源配置的效率。

（二）合理优化金融治理体系中的关系

除了对金融治理体系建立中长期规划以外，还需处理好各金融管理部门的关系。从"大一统"（中国人民银行）到"一行三会"（中国人民银行+证监会+银监会+保监会）分业监管，再到当前形成的"一委一行两会"（国务院金融稳定发展委员会+中国人民银行+证监会+中国银行保险监督管理委员会）新监管格局，各监管部门间的协调性一直是治理的重要内容之一。为加强对当前影子银行、互联网金融与金融控股公司的监管有效性，要尽可能地消除金融监管的交叉与空白领域，减少相互间的责任推诿现象。此外，宏观审慎管理与微观审慎监管是相互对应又紧密联系的概念，宏观可以为微观指明具体的发展方向，微观又可以为宏观提供细化的基础与保证。因此，需要利用法律去明确宏观审慎管理与微观审慎监管间的界限并进行更好的协调配合。

从历史发展历程看，中央银行在经济运行过程中发挥着重要作用，它能够为经济发展提供货币和信用条件，也能为经济的稳定性提供保障。因此，在金融政策制定中应该为中央银行赋予更大的作用，突出其在金融改革中的领导地位并强化其在监管协调与风险防范中的重要性。同时，对金融系统具有重要性的金融机构要被置于更严格的监管地位，进而稳定金融业的运行。此外，对于中央监管与地方监管而言，对各自的法定职责进行明确，并提升相互间的协调配合，既要突出中央金融监管的统筹性与领导性，也要加强地方金融监管的针对性与规范性。在地方金融监管方面，要将同一区域内较为分散的监管部门进行职能整合，从而实现高效、低成本的监管。

（三）建立风险预警与防范体系并完善治理评估

防范系统性风险是进行金融治理的核心目标之一，建立相对科学的金融风险预警体系可以提前识别影响金融稳定的因素并对可能存在的潜在风险进行判定。适时地利用风险预警体系对金融机构等市场主体进行评估，可以较为全面且准确地对市场的风险现状进行把控，并对发现的各类问题采取切实可行的改进措施。

当前，我国的安全网三大支柱为审慎监管原则、最后贷款人和存款保险制度，三者之间各有侧重，紧密联系又相互补充，为了进一步对金融风险进行有效防范以保证金融行业的稳健运行，需要继续加强对金融安全网的建设。

在建立现代化金融治理体系的基础上，需要引入第三方评估机制并对体系的目标设置合理性、制度安排协调性、实施结果有效性等方面进行评价，进而对体系进行更有针对性的完善与改进。在选取第三方评估机制时，必须注重评估的独立性以避免潜在的利益冲突，且要保证参与评估的机构拥有足够的高专业素养与强经验技能的评估人员，进而保证评估过程、结果的科学有效。

与此同时，为加强普适性与广泛性，除了针对金融机构的评价体系外，还要积极探索适用于其他金融主体的评价机制，使得整个评估过程更加充分。在评估结束后，要尽可能地解决信息不对称问题，因此，应在法律许可的范围内最大限度地对评估报告等结果进行公开。

（四）发挥市场在金融治理中的资源配置作用

党的十八届三中全会提出"使市场在资源配置中起决定性作用和更好发挥政府作用"，在当前积极推进金融治理的过程中，我们仍要强调发挥市场的资源配置功能。

首先，随着货币政策工具的不断丰富，调控框架正从以数量型为主向以价格型为主进行转变，基于此，若要引导资产价格，更需充分发挥市场作用。其次，要对地方债务问题加强管理，推动更多的社会资本合作，开展市场化的融资并自行承担风险，且要通过市场出清的方式调整资源配置方式以避免企业无效占用造成资源浪费。再次，要在市场主体间建立平等公正的协调合作机制，注意与主体的互动并形成良性机制，加强直接、间接的政企沟通渠道，提供民众信息反馈与利益诉求的合理方式，进而形成能够代表整体利益的监管政策。最后，坚持监管方目标职责法律化，专注于合规监管、风险监管，同时也要更多地引入市场机制进行监管以激发市场活力，进而营造出良好的市场环境。

第四节　强化金融治理、提高服务实体经济能力

一、将金融体系及其功能嵌套于国家治理体系现代化中

（一）金融服务实体经济理论分析

党的十九大报告指出，"中国特色社会主义进入新时代""社会主要矛盾已经转化为人民日益增长的美好生活需要和不平衡不充分的发展之间的矛盾""我国经

济已由高速增长阶段转向高质量发展阶段"[1]，基于此，我们"必须坚持质量第一、效益优先，以供给侧结构性改革为主线，推动经济发展质量变革、效率变革、动力变革"。同时，"现代化经济体系"也于十九大报告中首次提出，在现代化经济体系这一市场体系的建设中，实体经济发展是其重要着力点。

实体经济是经济发展的重要基础，针对近些年经济表现出的脱实向虚现象，中国开始重新强调将实体经济作为经济的发展着力点，党中央与国务院更是予以高度重视。

在2017年7月的全国金融工作会议上，习近平指出"金融要把为实体经济服务作为出发点和落脚点"[2]。十九大报告也指出"深化金融体制改革，增强金融服务实体经济能力"[1]。因此，对于金融而言，发展的核心目的与功能便是服务于实体经济，这是金融体系对新发展阶段的适应性转变，也是高质量发展的必然要求。

简而言之，实体经济是国家的发展根基，现代金融则是实体经济的血脉，二者不可分离而谈：一方面，实体经济为金融的存在与发展奠定了基础条件。在整个经济社会的运行过程中，实体经济的发展达到一定程度后，货币与信用就会伴随着商品交易的便捷性需求而产生，随之进一步发展为现代金融。金融的迅速发展建立在实体经济带来的物质基础之上，需要与实体经济发展的速度相匹配。如果没有实体经济作为支撑，市场便难以通过金融实现更高效的资源配置。另一方面，金融也是促进实体经济发展的重要驱动力。金融具有对资源进行合理配置的作用，部分金融产品能够分担实体经济发展过程中可能面临的风险，并且可以看作调整实体产业结构的有效工具。因此，综合来看，当前金融治理工作的重要任务便是引导金融回归本源——服务实体经济，金融发展只有与实体经济相匹配，才能有效促进其发展。

（二）准确定位金融的功能与作用

金融服务实体经济是当前金融治理的核心理念，为了积极推进并切实落实该项工作，需要对金融的功能进行全面准确的理解与定位，避免出现片面化的差异。现代金融有不同种类的功能，而不同功能在服务实体经济时对应着不同的服务方式，为此，我们需要对其进行准确的定位。将金融这一概念置于学术界中，国内

---

① 习近平：决胜全面建成小康社会　夺取新时代中国特色社会主义伟大胜利——在中国共产党第十九次全国代表大会上的报告. http://www.gov.cn/zhuanti/2017-10/27/content_5234876. htm[2021-03-28].

② 习近平：深化金融改革　促进经济和金融良性循环健康发展. http://www.xinhuanet.com/ fortune/2017-07/15/c_1121324747.htm[2021-03-28].

外已有众多学者对其功能做出论述，主要概括分为以下六大类。

一是清算与支付功能，可以有效降低社会交易成本并促进社会化大生产的发展；二是融资功能，是动员储蓄与提供流动性的手段，还能为投资者提供较高的回报；三是股权细化功能，通过提供投资中介服务与风险共担机制来优化投资配置效率；四是风险管理功能，为中长期资本投资的不确定性进行交易和定价，形成风险共担机制；五是激励功能，解决在信息不对称及委托代理行为中存在的激励问题；六是信息提供功能，通过为投资者与筹资者提供价格信号来帮助不同参与者按需做出各自的决策。

实体经济的发展需要足够的资金做支撑，改革开放以来，金融体系服务实体经济的主要功能便是为相应的生产经营活动提供资金，即资金融通功能，而其他的功能则有所忽视。基于我国经济发展所处的阶段及金融发展状况，当前的实践中仍保留着这样较为单一的金融评价态度，即金融是否为实体经济提供了所需的资金支持，而其他与市场经济相匹配的重要功能则依旧被忽视。然而，随着金融体系的逐步完善与经济社会的快速发展，无论是从业者还是学者，对于金融的不同功能不应顾此失彼，而要有所平衡，注重发挥金融在资金融通以外的其他相关功能，积极贯彻落实全国金融工作会议精神，全面精准地理解金融的功能，进而从整体上提升金融服务实体经济的效率。

（三）准确界定实体经济的内涵

目前国内并没有对实体经济有统一且权威的界定，为了更好地发挥金融对实体经济的促进作用，在明确"金融"相关概念含义的同时，我们要明确什么是实体经济，需要如何看待实体经济等。具体应从以下几方面进行把握。

一方面，不能简单地将实体经济等同于实物经济，要用发展的、动态的眼光看待实体经济。从传统经济学理论来看，经济主要分为货币经济与实体经济，前者主要由价格因素决定，而后者主要由资本、劳动力等因素决定，这里的实体经济主要是指从事物质资料生产经营活动的经济行为，又可称之为实物经济。从我国现状看，经济发展的根本目的是满足广大人民群众不断增长的物质和文化需求，因而实体经济并不限于实物经济，还应包括生产文化等非物质资料的非实物经济，即第一、第二、第三产业中的文化产业等都属于实体经济。

此外，从实践经验来看，实体经济这一概念一直处于不断的演进状态，不同时期对其赋予的定义有所差异。传统农业社会时期，实体经济主要指农业；工业革命之后，实体经济主要集中为制造业；后期随着社会经济的发展，运输业、餐饮业等传统服务业也逐渐被归类为实体经济。因此，对实体经济的界定不应只是单纯以产业部门分类标签为依据，而是应结合我国当前的发展阶段与态势。著名经济学家成思危先生曾定义：虚拟经济是指与虚拟资本以金融系统为主要依托的循环运动有关的经济活动，简单地说就是直接以钱生钱的活动。实体经济是虚拟经济的对应概念，因此，可认为其是能够创造真实产品、转化流通并实现价值的经济。

另一方面，金融服务实体经济，并不意味着盲目支持，而是应该服务于真正的且有意义的实体经济。在当前推进供给侧结构性改革的背景下，需要对不同的行业给予不同的金融支持，并且坚决抵制不符合国家政策、违法违规的产业。同时，政府引导金融支持实体经济仍应符合市场化的原则，促进市场在资源配置中的关键性作用的发挥。

（四）制度在经济金融全球化的竞争格局中是关键

在经济金融全球化的背景下，资本与劳动力的流动得到了极大的提高，基于此，完善的机制体制更有利于吸引国际性的资本与人才，进而提升国家自身的竞争力与优势。因此，可以认为当前国际竞争的关键是制度的竞争，而金融制度在很大程度上决定了国家经济制度的竞争力。

同时，金融也反映着实体经济的部分问题，如当前的高杠杆、隐性债务、"僵尸企业"等。这些问题的背后，有着矛盾的长期积累，也包含着经济发展过程中产生的新的摩擦。

金融治理是国家治理的重要组成部分，为实现服务实体经济的核心功能，要坚持问题导向，针对"黑天鹅""灰犀牛"等问题进行风险防范，全面提升生产效率与竞争力，更要将金融体系及其功能充分嵌套于国家治理体系现代化中，处理好政府与市场、财政与金融、风险防范与治理等关系。

二、金融服务实体经济的内在要求

（一）遵循普惠金融理念

普惠金融意味着金融服务能贴近普通百姓的生活，能够为百姓所用。因此，推进金融改革、创新、开放与发展的重要目标之一便是推进金融服务的普及度，保证偏远地区、普通民众、小微企业等都能获得快捷、实惠且安全的金融服务。基于经济学角度，我们需要建立一个普惠型的金融体系，能够有效地满足薄弱领域的金融需求；基于社会公平角度，金融服务与普通的衣食住行权利类似，所有地区与大众都有享受金融服务的权利。

因此，在推动金融服务实体经济的过程中也要遵循普惠金融理念，推动商业性金融下沉，这是实现金融转向高质量发展的关键，是增大金融服务实体经济的覆盖面的重要途径。

为促进金融更好地为实体经济服务，需要全面提高服务的效率和水平，其关键之一便是推动普惠金融的发展。当前，国家已经制定和实施相关的普惠金融政策，并且通过财政下发普惠金融专项资金，应该对其继续进行完善，使得有限资金在相应的薄弱领域发挥出的作用最大化。近年来，国家一直推进金融领域与数字技术的结合，以此为政策着力点推动金融普惠发展，包括移动互联网、云计算、大数据等。

在"政府引导与市场主导相结合"的经验指导下，中国普惠金融取得了明显成效，多层次广覆盖的普惠金融机构和普惠金融产品体系也基本形成。但是，在发展普惠金融的过程中，要加强大数据背景下的用户信息安全性，坚决打击利用数字技术实施金融违法行为的个人和群体。在追求技术创新的过程中也要积极推进征信体系建设与监管体系完善，保证创新与监管的平衡性，规范普惠金融，促使金融服务于实体经济。

（二）纠正脱实向虚，遵循市场基本规律

近年来，在虚拟经济投资期限短、回报率高等特征的吸引下，以及实体经济产能过剩等现象的存在下，大量资本离开实体经济市场转而投向金融、地产等领域，导致这些领域产生泡沫，脱实向虚的资金空转也就成了金融风险聚集的一个重要原因。在众多以金融创新为名的新生产品中，有符合企业发展需求的高品质产品，但也存在许多以"创新"为由，实际上是钻取国家政策空子甚至违规的产品。各类结构复杂的金融产品导致了风险的高增，并让资金滞留在金融系统内部，进而造成了脱实向虚问题，增加了企业的融资成本。因此，在金融治理过程中让金融服务于实体经济是对过去偏差的一种纠正，是符合市场基本规律的，并且金融监管层也一直在做相应的努力。

中国银行保险监督管理委员会主席郭树清在第十届陆家嘴论坛上表示，相当多的金融机构仍存"垒大户"情结，不少企业高度依赖债务投入，"预算软约束""投资饥渴症"等问题仍较为突出等。信贷资金过度集中，财务杠杆过高，盲目投资、过度投资，都导致风险的积累，资金也没有得到充分利用。

在推进金融服务实体经济的过程中，不是简单盲目地对实体经济进行资金输血，而是应遵循市场基本规律，从优化结构与升级要素等方向进行。比如，对市场中关注较多的产能过剩行业、房地产贷款等风险隐患较明显的领域，金融机构应该格外谨慎，避免"跟风"投资。同时，促进金融资源流向运转良好、潜力大、对国家发展和人类社会进步有意义的企业。总之，随着实行差异化金融企业政策的信号越来越明确，金融服务实体经济时更应该积极遵循市场的基本规律。

（三）强调绿色理念，支持创新发展

党的十八届五中全会上提出了创新、协调、绿色、开放、共享的发展理念，因此，金融服务实体经济，也需要认真贯彻落实创新发展理念，支持金融创新发展。

随着当前社会对绿色环保、生态文明的追求，绿色金融成为发展重点。发展绿色金融的基本思路是通过市场化方式将环境影响的外部性内生化以降低污染性经济活动。2016 年我国发布了《关于构建绿色金融体系的指导意见》，对绿色金融发展提出要求。

将绿色理念融入金融服务实体经济的过程中、探索绿色金融创新是关键所在。一方面，要不断发展绿色金融创新产品，鼓励绿色金融创新投融资，与之相应地，针对不同创新产品，匹配绿色评估标准，在实践中完善绿色金融创新体系，在政策上给予一定的优惠，在舆论上给予一定的褒扬，进一步吸引资金投入到绿色产业中来。另一方面，可以提供差异化的服务，从而使具有多层次、多样性特点的绿色项目满足相应融资需求，如为短期绿色项目提供以银行信贷为主的服务，为中长期绿色项目提供债券市场服务，为成长性高且风险高的绿色项目提供私募或上市融资服务等。

总之，在推进绿色金融的过程中，要不断通过制度、模式、产品等的创新来满足实体经济发展的多样性需求。

三、金融服务实体经济的政策建议

随着我国步入新时代，随着金融市场的不断完善和金融治理理论与实践的不断发展，我国进一步认识到金融的发展在经济建设中的重要性，对金融与实体经济的关系有了更为深入的认识。金融是实体经济的血脉，发展金融的核心目的与功能便是服务实体经济。基于此，必须坚持深化金融体制改革，增强金融服务实体经济的能力。

金融是现代经济的核心，为实体经济服务是金融的天职，更是宗旨，也是防范金融风险的根本举措。金融服务实体经济是有效解决我国存在的经济发展不平衡问题的关键因素。当前，中国强调将实体经济视作经济发展着力点，把现代金融纳入产业体系，着重强调金融回归服务实体经济的本源。

积极推动金融与实体经济的结合可以有效推动我国经济的持续健康发展。在2017 年全国金融工作会议上，习近平针对金融服务实体经济提出，"要把发展直接融资放在重要位置，形成融资功能完备、基础制度扎实、市场监管有效、投资者合法权益得到有效保护的多层次资本市场体系。要改善间接融资结构，推动国有大银行战略转型，发展中小银行和民营金融机构。要促进保险业发挥长期稳健风险管理和保障的功能。要建设普惠金融体系，加强对小微企业、'三农'和偏远地区的金融服务，推进金融精准扶贫，鼓励发展绿色金融。要促进金融机构降低经营成本，清理规范中间业务环节，避免变相抬高实体经济融资成本"[①]。

金融服务于实体经济，要符合实体经济的发展情况。基于对金融服务实体经济的认识及相关政策的理解，我们提出如下的相关建议。

首先，要推动资本市场改革，完善直接、间接融资渠道，分散金融风险。当前，随着市场融资需求的多样化，以银行机构间接融资为核心的金融体系难以提供有效支持。因此，需要全面推动资本市场改革，建设直接、间接融资相互协调配合的现代金融市场体系，进而为实体经济在资本市场的融资过程提供便捷服务。一方面，要高质量发展以主板、创业板、新三板市场支撑的资本市场、开放区域性股权市场与债券市场，为企业提供权益资金与债务性资金。另一方面，扩大期货市场及推动衍生品市场国际化，加快发展金融租赁市场，促进产业与金融业的相互融合。此外，也要加强对企业的治理改革，对市场的债务风险、金融风险进行防控。在去杠杆政策的推动下，市场上各类企业的杠杆水平有所下降，但绝对值仍然较高，存在着较严重的债务风险。为此，要持续降低企业的杠杆率，对"僵尸企业"的债务进行处置以提升资源使用率，在合法合规的前提下，鼓励杠杆率高但有着良好发展前景的企业进行债转股，促进股权多元化并降低杠杆率，同时也要认真做好企业的不良债务处理工作。除了对高杠杆率的企业进行处理以防止债务风险外，也要积极加强对房地产市场的管理，尽可能地消除房地产行业的金融属性，建立问责机制，因地施措，综合采取各类手段去除产能，对可能出现的地产泡沫进行抑制和消除，进而严控房地产行业的金融风险。

其次，要完善金融体制，建立健全多层次金融体系，以机制引导服务实体经济。金融行业应积极贯彻新发展理念，坚持金融供给侧结构性改革，坚持创新，健全多层次金融体系，推动改革发展。一方面，通过建立健全多层次的金融体系来更加明确不同机构的功能定位，进而加大金融服务实体经济的广度与深度。对于大型银行，应鼓励其向实体经济投注资金及开展中小金融机构转贷业务，对于中小型金融机构，也应积极培育其服务本地实体经济的能力。另一方面，要通过制定相关的考核评价体系，结合现场、非现场检查方式，对金融机构的落实情况进行分析考量，从而在机制上引导金融机构向实体经济倾斜。同时，也要建立健全征信、担保等金融服务机构，加强金融配套体系建设，使得金融业服务实体经济的意愿更强、能力更高、保障更大。

最后，要畅通政策传导渠道，发挥政策性金融对实体经济的支持。金融服务实体经济过程需要有效的金融市场向各产业领域进行信息传输，从而保证资金的

---

① 习近平：深化金融改革 促进经济和金融良性循环健康发展. http://www.xinhuanet.com/fortune/2017-07/15/c_1121324747.htm[2021-03-29].

有效流动。就中国目前的金融市场而言，场内市场、场外市场、银行间市场等正处于一定程度的分离状态，并且分别由不同的部门进行管理。管理规则不尽相同造成政策传导渠道不畅，从而导致了金融服务于实体经济过程容易存在阻碍、时滞，使得资金流动不顺畅，难以有效发挥金融市场的价格发现功能。因此，应加强金融市场监管来协调金融服务实体经济过程，使得监管规则协调统一，在监管过程中时刻强化中国人民银行的领导地位，扩大金融市场的内外开放程度，有效畅通政府相关政策的传导渠道，以保证金融市场资金在不同部门、不同行业间进行市场化的、高效的流通。此外，除保证稳定高效的政策传导渠道外，还应有针对性地提供政策支持。比如，对服务于"三农"、中小微企业等对象的金融，或者是科技金融、绿色金融和普惠金融等，可以给予一定优惠，如采用减税、降准等方式进行支持，并充分利用产业基金等方式放大支持和引导作用。总之，应通过政府政策来引导金融资源的配置，使得资本顺畅、高效地流向实体经济，促进实体经济发展。

第三章 区域金融视野下的天津市金融服务实体经济发展

第一节 天津市金融服务实体经济发展状况

一、天津市经济发展历史

天津（别名津沽、津门），简称津，地处华北平原北部，始于隋朝大运河的开通。明朝永乐二年（公元 1404 年）设"天津卫"，同年 12 月建城，到公元 2017 年已有 613 年的历史。

天津市是中央直辖市之一，也是环渤海地区经济中心和首批沿海开放城市，同时是全国先进制造研发基地、北方国际航运核心区、金融创新运营示范区及改革开放先行区。

截至 2017 年底，天津市常住人口 1556.87 万人，总面积 1.1946 万平方千米，涵盖和平区、南开区、滨海新区等共 16 个市辖区①。其中，滨海新区是天津市下辖的副省级区、国家级新区和国家综合配套改革试验区，是北方对外开放的门户、高水平的现代制造业和研发转化基地，也是北方国际航运核心区和物流中心及宜居生态型新城区。

天津市近代经济的发展和繁荣源于 1860 年，《中英北京条约》规定，天津成为北方三大通商口岸之一，这使得天津由一个封建城市变成了半封建、半殖民地城市，打开了国内外市场。相对同期开放的北部城市而言，天津的地理特征使得海关进口洋货和国内各埠的工业品、农副产品能够源源不断地向经济腹地运送。据统计，天津市运往腹地的商品总值在 1914 年后的 7 年内增长了 91.70%，其增长速度将近翻了一番（张利民等，2003）。从天津进出口贸易占华北对外贸易总额比重来看，以 1932～1936 年的 5 年期间平均值计算，天津口岸占 58.73%，远超青岛，其中天津出口的商品主要包括煤炭、花生、棉花、花生油、烟叶、盐、豆类、肥皂等，进口的商品主要包括棉织品、粮食、煤油、糖、纸类、燃料、纺织机械、钢铁等。

除进出口贸易外，工业在天津市经济发展史中也占据着极为重要的地位。天津工业历史悠久。从 1861 年洋务运动开始，工业在天津有了近代的雏形。清政府

---

① 16 个市辖区具体包括：和平区、河东区、河西区、南开区、河北区、红桥区、滨海新区、东丽区、西青区、津南区、北辰区、武清区、宝坻区、宁河区、静海区、蓟州区。

在洋务运动中创办天津机器制造局，又设天津机器制造局四局制造枪炮，设东局制造火药，等等。1880 年和 1889 年清政府还分别建立了大沽船坞和天津造币厂，在国内轰动一时。此后，袁世凯推进的"新政"也进一步将工业人员和企业聚集到一起。比如，在海河北岸，设立了众多近代工业企业，其中还包括一批大型企业，这些企业是"官督商办"的。此外，近代工业的出现吸引了大量农村破产的农民涌进天津做工谋生，他们接触到机器的使用、近代化的运作模式和较为高效的大规模生产，成为天津第一代产业工人。

到 20 世纪初期，特别是第一次世界大战的开始，帝国主义国家暂缓了对中国的侵占和掠夺，为天津民族工业的蓬勃发展创造了有利的国际环境。该时期，天津民族资本纷纷投向工业，开办大批工厂，逐渐形成了纺织业、面粉业、地毯业、化工行业、造纸业、机械行业等。其中，永利碱厂尤为突出，其生产的纯碱在 1926 年美国费城世界博览会上获金奖，证书中称其为"发展中华民国主要化学工业的象征"。天津的发展离不开近代工业的发展，多个产业的蓬勃发展促使天津成为中国北方的工商业中心。

中华人民共和国成立以后，通商口岸的作用不再存在，交通格局的改变降低了交通咽喉的优势，天津走上了着重发展重工业的道路。自 20 世纪 90 年代开始，重化工业已成为天津经济的重要支撑，随后滨海新区的建设也围绕重工业展开布局。然而，受环保压力等影响，天津诸多重化工项目面临停工的威胁，导致整个天津经济面临着产业结构调整的局面。经过近几年的努力，天津现已明确以发展战略性新兴产业和高端装备制造业为主导，以推进传统产业改造提升为重点，优化产业结构，扩大先进产能，促进高端装备、新一代信息技术、航空航天、新能源汽车、新材料、生物医药、新能源、节能环保、现代石化、现代冶金等产业集成集约集群发展。目前，天津重视工业质量，坚持科技创新，坚持环境保护，加速转型，科学发展。

二、天津市经济发展状况

根据《天津统计年鉴》和《天津市国民经济和社会发展统计公报》，我们整理了天津市 2001~2017 年地区生产总值情况，如图 3-1 所示，可以看出，天津市的整体地区生产总值在 2014 年之前呈现指数式增长趋势，但 2014 年之后地区生产总值的增长率相对有所下滑。特别地，2017 年天津市地区生产总值为 18 595.38 亿元，按可比价格计算，比上年仅增长 3.6%，与此相比，2010 年天津市地区生产总值增长率高达 17.4%。2018 年，中国共产党天津市第十一届委员会第三次全体会议暨全市经济工作会议强调，天津发展面临着由速度规模型向质量效益型转变的重大机遇和严峻挑战……需要真正把战略重点转到拼质量、拼效益、拼结构、拼绿色度上来。

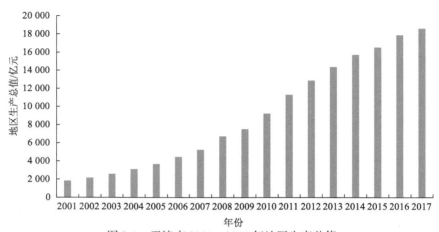

图 3-1　天津市 2001～2017 年地区生产总值
资料来源：《天津统计年鉴》和《天津市国民经济和社会发展统计公报》

从产业结构来看，近年来天津市已逐渐意识到第二产业主导带来的问题，并致力于推动第三产业发展，为实现产业结构调整而努力。根据《天津统计年鉴》和《天津市国民经济和社会发展统计公报》，我们整理了天津市 2001～2017 年三大产业增加值所占比重，如图 3-2 所示。从图中可以看出，三大产业结构中第二产业增加值所占比重呈现倒"U"形趋势，而第三产业呈现正"U"形趋势，其转折点出现在 2008～2009 年。从近年来看，三大产业增加值比重由 2008 年的 1.90∶60.10∶38.00 逐渐调整至 2017 年的 1.17∶40.82∶58.01，第三产业迅速发展。从图中我们可以看出，自 2013 年起，第三产业增加值比重的上升趋势更为明显；

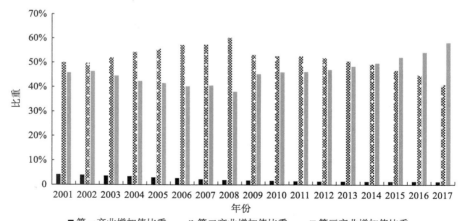

图 3-2　天津市 2001～2017 年三大产业增加值所占比重
资料来源：《天津统计年鉴》和《天津市国民经济和社会发展统计公报》

一直到 2017 年，第三产业增加值比重仍明显提高，逐步形成了"三二一"的产业结构。

为详细分析天津市产业转型现状，本节采用偏离−份额分析法（shift-share analysis，SSA）进行研究。

偏离−份额分析法由 Creamer（1943）等学者提出，经过 Dunn（1960）等的进一步发展，常应用于区域经济分析的研究中。该方法以某个区域所在整体区域的经济发展为参照系，将该区域的经济总量的变动分解为几个分量：份额分量、结构偏离分量及竞争力分量，这样就得到了多个研究角度，能够把引发该区域经济水平波动的原因从不同维度分离出来进行分析。在这个方法中，经济发展被看作一个随时间变化的动态过程。

假设研究区域 A 在经过 $[0,T]$ 时间变化后，其产业结构发生改变。假设在 0 时刻该区域所有产业的生产总值为 $G(t_0)$，在 T 时刻该区域所有产业生产总值为 $G(t_T)$，在 0 时刻该区域的 i 产业产值为 $G_i(t_0)$，在 T 时刻该区域的 i 产业产值为 $G_i(t_T)$。在偏离−份额模型中，竞争力分量往往用来比较同一省区市内不同区域的竞争力。本章研究天津市的产业结构，故不设竞争力分量，而是集中分析天津市的产业结构变化。我们定义：

$$\Delta G = G(t_T) - G(t_0) \tag{3-1}$$

将式（3-1）进行数学变换可以得到：

$$\Delta G = G_i(t_0)\left(\frac{G(t_T)}{G(t_0)} - 1\right) + G_i(t_0)\left(\frac{G_i(t_T)}{G_i(t_0)} - \frac{G(t_T)}{G(t_0)}\right) \tag{3-2}$$

定义：$\alpha = \dfrac{G(t_T)}{G(t_0)} - 1$ 表示整个区域 A 所有产业总产值的增长率，也称为份额分量系数；$\beta_i = \dfrac{G_i(t_T)}{G_i(t_0)} - \dfrac{G(t_T)}{G(t_0)}$ 表示区域 A 内 i 产业的总产值增长率与该区域所有产业总产值增长率的差值，也称为产业结构分量系数。那么，式（3-2）可以写作：

$$\Delta G = G_i(t_0)\alpha + G_i(t_0)\beta_i \tag{3-3}$$

定义：$N_i = G_i(t_0)\alpha$，$P_i = G_i(t_0)\beta_i$，其中，N_i 表示 i 产业按照全市所有产业总产值增长率所达到的增长份额；P_i 表示 i 产业由于产业结构差异所引起的增长额的偏离量。

基于偏离−份额分析，可以得到本书的算法模型：

$$\Delta G = N_i + G_i(t_0)\beta_i + \Delta\theta_i \tag{3-4}$$

其中，$\Delta\theta_i = \Delta G - (N_i + P_i)$，表示偏离误差。

根据式（3-4）可以得到结构分量系数：

$$\beta_i = \frac{\Delta G - N_i}{G_i(t_0)} \qquad (3\text{-}5)$$

β_i 解释区域 A 内不同行业的结构变化及其对整个区域经济发展的影响。当 β_i 大于零时，表示 i 产业在区域 A 中具有优势地位，通过纵向比较可以推断产业结构的变化；当 β_i 小于零时，表示 i 产业在区域 A 中不具优势，可以推断该产业处于衰退状态。

为体现不同时间段结构偏离分量的动态变化，我们引入动态偏离-份额模型。该模型将考虑的时间段进一步细分成若干个时期，计算结构偏离分量，进而发现不同时间段天津市产业结构的调整方向。

将[0,T]时间段分为 T 个阶段，假设 β_{it} 是区域 A 内 i 产业 t 时期的结构偏离分量，那么，$\beta_{i1}, \beta_{i2}, \beta_{i3}, \beta_{i4}, \cdots, \beta_{it}$ 组成该区域内 i 产业的结构偏离分量系数。根据该序列的性质，可以应用乘法原理求得 i 产业全部时间周期的结构偏离分量系数，计算公式如式（3-6）所示：

$$\beta_t = \prod_{t=1}^{k}(1+\beta_{it}) - 1 \qquad (3\text{-}6)$$

根据以上模型，分析天津市 2009~2016 年主要产业产值数据。由于统计年鉴中的产值数据均以各年的价格为基础计算，故本节以 2009 年为基年，选取统计年鉴中 2009~2016 年各行业的价格指数，处理后使各年数据可比，形成产值统计表，如表 3-1 所示。

表 3-1 天津市规模以上主要产业产值统计 单位：亿元

行业	2009 年	2010 年	2011 年	2012 年	2013 年	2014 年	2015 年	2016 年
农林牧副渔业	282	289	302	308	321	334	351	406
工业	3 622	4 197	4 978	5 786	6 514	7 162	7 823	8 284
建筑业	366	422	449	480	534	580	628	647
零售与批发业	837	1 055	1 352	1 507	1 599	1 705	1 804	1 797
住宿与餐饮业	132	146	161	173	162	164	174	216
交通、邮电与旅游业	464	574	592	644	647	693	729	785
金融业	461	554	697	898	1 075	1 214	1 346	1 441
总和	6 164	7 237	8 531	9 796	10 852	11 852	12 854	13 576

资料来源：《天津统计年鉴》和《天津市国民经济和社会发展统计公报》

基于表 3-1 的数据和式（3-5）、式（3-6），将 2009～2016 年时间段分为 2009 年、2010 年、2011 年、2012 年、2013 年、2014 年、2015 年七个时间序列，进而计算相应的结构偏离分量系数，计算结果如表 3-2 所示。

表 3-2　天津市主要产业结构偏离分量系数

行业	2009 年	2010 年	2011 年	2012 年	2013 年	2014 年	2015 年
农林牧副渔业	− 0.15	− 0.26	− 0.36	− 0.40	− 0.43	− 0.45	− 0.39
工业	− 0.02	− 0.01	0.01	0.02	0.03	0.04	0.04
建筑业	− 0.02	− 0.13	− 0.20	− 0.20	− 0.20	− 0.20	− 0.22
零售与批发业	0.09	0.20	0.16	0.10	0.08	0.05	− 0.02
住宿与餐饮业	− 0.07	− 0.14	− 0.20	− 0.34	− 0.39	− 0.41	− 0.30
交通、邮电与旅游业	0.06	− 0.09	− 0.15	− 0.24	− 0.25	− 0.28	− 0.26
金融业	0.03	0.11	0.26	0.38	0.43	0.46	0.48

进一步探究天津市产业结构的动态变化，绘制主要产业结构偏离分量趋势图，见图 3-3。

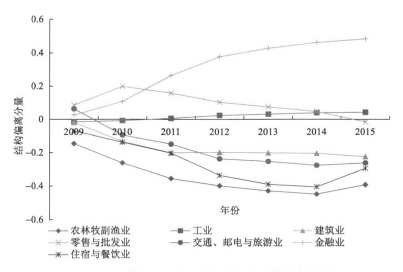

图 3-3　天津市主要产业结构偏离分量趋势变化图

根据表 3-1、表 3-2 及图 3-3，研究天津市 2009～2015 年产业动态变化。本节从三大产业中选取了有代表性的七个行业，分别为：农林牧副渔业，工业，建筑业，金融业，零售与批发业，交通、邮电与旅游业，住宿与餐饮业。具体分析如下。

（1）农林牧副渔业。自 2009 年起行业 β 值为负，虽在 2015 年有所回升，但总体呈下降趋势，说明天津市第一产业竞争力逐年下降。

（2）工业。2011～2015 年，该行业 β 值一直为正值并处于上升阶段，但增速较慢。天津市是以工业为主导的典型城市，虽然由于产业结构的改革和升级，工业的主导地位逐渐被替代，但工业仍是天津市产业"支柱"之一，在整个产业结构中具有重要地位。

（3）建筑业。2009～2015 年，该行业 β 值均为负，并长期处于下降趋势。这说明建筑业不具优势，被其他产业挤占，在天津市产业结构调整过程中，是被替代的对象。

（4）金融业。自 2009 年以来，天津市金融业 β 值一直为正且稳定上升，金融业的行业增速快于区域主体产业的平均增速。这符合前文对天津市产业结构现状的分析，在"一带一路"倡议的引导下，第三产业在天津市产业结构中逐渐占据主导。

（5）零售与批发业。自 2010 年起，该行业 β 值逐年下降，在 2015 年出现负值，产业优势逐年下降，整个行业处于衰退阶段，其发展水平低于天津市产业水平的平均值。

（6）交通、邮电与旅游业。2009～2015 年，该行业的 β 值呈下滑趋势，产业优势逐渐下降。作为北方最大的港口城市，也是华北地区的交通枢纽，天津具有较为明显的航运、陆运及海运优势。然而，结果表明天津市交通、邮电与旅游业的竞争力却在逐年下降，天津应充分引起重视，充分利用自身优势，将其作为产业结构调整的主要方向之一。

（7）住宿与餐饮业。2009～2014 年，该行业 β 值逐年下降，且为负值。该行业与旅游业、贸易发展水平紧密相关。2015 年的 β 值出现较大回升的一个原因是 2015 年 4 月天津自贸区的挂牌成立，这刺激了天津贸易发展，为住宿与餐饮业带来了新的机会。但是，该行业 β 值仍为负，天津市应充分利用自贸区优势发展住宿与餐饮业。

第二节　天津市传统金融业

一、天津市传统金融之银行业

（一）天津市银行业发展史

天津银行业的发展，始于 19 世纪末其他国家在天津设立的银行。1860 年，天津租界为外国银行资本家提供了便利，他们开始在当地建立银行以方便贸易。1882 年，英国汇丰银行天津分行成立，之后也有来自德、日等国的多家银行在天津建立分行①。外国银行的到来,是一种经济侵略,同时在一定意义上也将近代"银行"带到了中国,促进了中国建立自己的近代化银行。1898 年,我国在天津设置了官商合办的中国通商银行天津分行,完全照搬汇丰银行模式。

20 世纪后,天津的银行业更是蓬勃发展。这一时期,天津的政治经济地位不断提高,工业进一步发展,贸易往来更为频繁,更多银行因此在天津建立,也进一步扩大着影响力。直到第一次世界大战之前,无论是外国的银行分支还是我国自己的银行,在天津"层出不穷"。外资银行如法国的东方汇理银行、法国和比利时合资的仪品放款银行及比利时的华比银行,华资银行如志成银行、直隶省银行和殖业银行三家国内银行等,纷纷在津设立。此外,在 1910 年,还出现了中外合资银行——北洋保商银行。

民国时期,在天津有一种说法:"四行一会"。四行,指的是"北四行",即1915 年成立的盐业银行、1917 年成立的金城银行、1918 年成立的大陆银行和 1922年成立的中南银行,它们是天津较为著名的民营银行;一会,指的是"四行储蓄会",它是在北四行之间形成的一种联合信用组织。"四行储蓄会"在一定程度上团结我国本土民营银行,优势联合,在外资银行的包围中立足,堪称天津金融史的创举。

第一次世界大战以后,天津的工商业进一步引发关注,而银行的热度则有所下降,但其发展规模仍保持全国第二。《中国经济年鉴》统计,1936 年全国银行总行总计 159 家,天津名列全国第二。可以说,从 1915 年到 1935 年,是天津近代银行业飞速发展的黄金 20 年。

1937 年天津被日寇占领后,银行业发展步伐受到阻碍。1945 年抗日战争胜利后,中国银行、中央银行、交通银行、中国农民银行、中央信托局、邮政储金汇业局及中央合作金库形成了"四行二局一库",这是一种官僚资本金融垄断体系,对民族资本银行的发展形成阻碍。

新中国成立以后,特别是改革开放四十多年来,天津市银行业取得了长足发展,初步具备了门类齐全、市场开放、成长性强的主要特点(王进诚,2009),为实现区域经济快速协调发展做出了应有的贡献。

目前,天津市银行业已经形成了集政策性银行、大型国有银行、股份制银行、城市商业银行、民营银行、外资银行、村镇银行及各类非银机构于一体的金融机构体系,具有数量众多、种类齐全、功能完备、结构合理等特点。如表 3-3 所示,

---

① 比如 1885 年成立的英商麦加利银行天津分行、1886 年成立的华俄道胜银行天津分行、1890 年成立的德华银行天津分行、1899 年成立的日本横滨正金银行天津分行等。

据中国银行业监督管理委员会天津监管局统计数据①，截至 2017 年末，天津市各类银行业金融机构共 3129 家，资产总额约达 4.8 万亿元，同比增长 2.7%，负债总额 4.6 亿元，同比增长 2.4%。

表 3-3　2017 年天津市银行业金融机构情况

机构类别	营业网点			法人机构/家
	机构个数/家	从业人数/家	资产总额/亿元	
大型商业银行	1 247	27 129	12 631.1	0
国家开发银行和政策性银行	13	568	3 037.5	0
股份制商业银行	431	12 473	8 277.1	1
城市商业银行	304	7 843	9 535.7	1
小型农村金融机构	549	8 481	4 553.4	2
财务公司	8	238	566.3	7
信托公司	2	343	110.5	2
邮政储蓄银行	405	2 694	963.3	0
外资银行	51	1 168	888.0	1
新型农村金融机构	105	1 464	352.8	18
其他	14	2 205	7 013.0	13
合计	3 129	64 606	47 928.7	45

资料来源：中国人民银行天津分行、中国银行业监督管理委员会天津监管局

注：营业网点不包括国家开发银行和政策性银行、大型商业银行、股份制商业银行等金融机构总部数据；大型商业银行包括中国工商银行、中国农业银行、中国银行、中国建设银行和交通银行；小型农村金融机构包括农村商业银行；新型农村金融机构包括村镇银行、信贷公司；其他包括金融租赁公司、汽车金融公司、中德住房储蓄银行、金城银行

（二）天津银行发展状况分析

天津银行股份有限公司，简称天津银行（TJ Bank），是一家总部设在天津的股份制商业银行，是我国最早成立的城市商业银行之一。

1996 年 11 月，天津银行成立，当时名为天津城市合作银行股份有限公司，由天津的 65 家城市信用社共同组建，是首批获准组建的 5 家城市合作银行之一。1998 年 5 月，更名为天津市商业银行股份有限公司，同时开始了公司治理结构的

---

① 此外，2017 年银行业金融机构累计实现营收收入 1099.4 亿元，同比下降 5.8%；累计实现净利润 378.9 亿元，同比下降 9.1%。2017 年末本外币存款余额 30 940.8 亿元，同比增长 2.9%，本外币各项贷款余额 31 602.5 亿元，同比增长 9.9%。

建设，股东会、董事会和监事会重新组建。2007 年，天津银行引入澳新银行成为境外战略合作伙伴，获资 1 亿多美元，也成为全国唯一一家外资比例超过 20% 的商业银行。2007 年 3 月，更名为天津银行股份有限公司，并获准跨区域经营，从地方银行变为区域性股份制银行，先后在北京、唐山、上海等地设立一级分行。

2016 年 3 月，公司在香港成功上市，成为天津市国有企业首次公开募股(initial public offering，IPO)资金最高和资产规模最大的上市公司。

截止到 2017 年 6 月末，天津银行在全国范围内设 6 家中心支行、8 家一级分行及 5 家二级分行，共计 240 家营业机构，其发展历史见表 3-4。

表 3-4　天津银行发展历史

时间	事件
1996 年 11 月	正式注册成立，当时的名称为天津城市合作银行股份有限公司
1998 年 5 月	更名为天津市商业银行股份有限公司
2006 年 5 月	首家分行滨海分行在天津滨海新区正式成立
2007 年 3 月	经银监会批准，正式更名为天津银行股份有限公司
2007 年 11 月	首家异地分行——北京分行正式开业，成为全国自 2000 年之后被批准的第一家进京设立一级分行的中资商业银行
2008 年 6 月	唐山分行正式开业
2008 年 8 月	作为发行人发起组建的蓟州村镇银行正式开业
2009 年 6 月	小企业金融服务中心正式开业
2009 年 11 月	上海分行正式开业，经营范围延伸至长三角经济区
2010 年 4 月	完成了天津市区机构改革，成立 6 家中心分支，建立了总、分、支三级管理架构
2010 年 5 月	济南分行正式开业，环渤海经济区战略布局初步完成
2011 年 6 月	成都分行正式开业，成功打开中西部市场
2014 年 12 月	首家二级分行——东营分行正式开业
2015 年 4 月	天津自由贸易试验区分行正式获批成立
2015 年 10 月	获得批准独家发起筹建金融租赁公司
2016 年 3 月	在香港成功上市，成为天津市国有企业 IPO 募集资金最高和资产规模最大的上市公司

资料来源：天津银行招股说明书

近年来，天津银行总体规模呈现稳步上升的趋势，但其增长速度在 2016～2017 年来有所降低，具体如图 3-4 所示。天津银行年度报告数据显示，2017 年天津银行总资产规模为 7019.14 亿元，同比增长 6.79%，增速较上年下降了近 10 个百分点，见图 3-4。

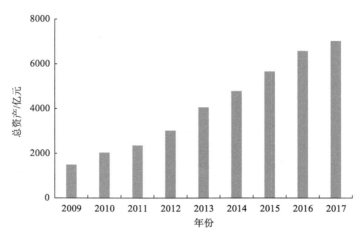

图 3-4　天津银行 2009～2017 年总资产规模

资料来源：天津银行年度报告

　　天津银行各项业务均通过银监会批准，业务种类繁多，既面对组织团体开展业务，也面向个人提供服务，涉及批发业务、小微业务、零售业务、同业业务、投行业务、资产管理业务等[①]。

　　除以上传统业务外，在网络金融蓬勃发展的大环境下，天津银行也加紧布局了互联网金融业务，着手建设互联网金融系统。具体包括：个人网上银行、企业网上银行、微信银行、手机银行、银企直联、电话银行、金信通、自助设备、收单业务、"微粒通"、"Apple Pay"等。互联网金融业务的开展极大丰富了天津银行的业务领域，为其经营与发展创造了新的增长动力。

　　从以上分析可以看出，天津银行近年来在发展中不断壮大和完善，但随着规模增大和业务发展，一些问题也逐渐暴露出来：第一，业务不合理，资产业务中中长期贷款占比较大，投向国有企业占比较大，中小企业融资问题依旧严峻，贷款的平均利率较低，整体议价能力较弱；第二，创新能力较弱，天津银行虽在业

---

　　① 天津银行的业务主要包括以下几大类：一是存款业务、贸易融资业务、公司信贷、代理业务、结算业务、对公理财业务、国际结算、企业外汇业务、资金管家等批发业务；二是企业法人按揭贷款、商业抵押分期贷款、流动资金循环贷款、知识产权质押贷款、个人经营贷款、留权贷、投连贷、银税通、租金贷等小微业务；三是储蓄业务、个人消费贷款业务、借记卡业务、信用卡业务、投资理财业务、代理收付服务、个人外汇业务等零售业务；四是资金拆借、债券买卖与债券回购、同业投资、同业借款、同业存单、票据转贴现等同业业务；五是债券承分销、并购业务、财务顾问、资产证券化、资产转让业务等投行业务；六是理财产品、政府投资基金、政府和社会资本合作（public private partnership，PPP）项目、股票质押回购、产业并购基金等资产管理业务。

务创新方面做出相应努力，但其创新深度和业务差异化相对较为不足，很多创新产品和服务与其他银行出现趋同现象，导致其有限资源利用率降低，运营成本提升而效益低，也使得客户群体无法在市场上获得需求；第三，金融风险加剧，天津银行经过创新获得了非银行金融业务许可，但创新与风险往往是相伴随的，其所从事的高风险业务虽然在一定程度会增加收入、降低成本，但大大增加了其所面临的风险，特别是在相关金融监管和法律法规尚未完善的情况下，这些风险的潜在威胁尤为严重；第四，人才缺乏，天津银行由城市信用社改制而来，与大型综合性商业银行相比，专业型人才相对缺乏，从而影响着银行的服务质量、制约着银行的创新能力。

二、天津市传统金融之证券业

（一）天津市证券业发展史

早在清末时期，股份制企业便在天津市出现，而民国时期的"资本社会化"催生了更多股份制企业的设立，加上各大银行也代办公司债券的发行和还本付息工作，由此促进了天津市证券业的发展。

1914 年，梁成等申请设立天津证券物产交易所有限公司，1921 年获得中华民国北京政府农商部批准成立，其经营项目名义上为证券、花纱、杂粮、皮毛四种，但实际上以证券为主（吕玉忠，2010），交易方式为竞价买卖法，在证券中又以本所股票期货为主。此后又先后成立了天津取引所、天津商业经济所、华北有价证券交易所等，证券交易活动进入兴盛时期。

1949 年，天津市证券交易所成立，这也是新中国首家国营证券交易所。供交易的证券有启新洋灰、开滦煤矿、江南水泥、仁立毛呢、耀华玻璃等公司股票。1951 年，天津投资公司发行了天津投资股份有限公司股票，这可以说是新中国最早期的股票。

改革开放后，天津的证券市场仍受到大量关注。1988 年 5 月，天津市证券公司成立，成为天津首家证券公司。1992 年 12 月 25 日，沈阳风险投资股份公司天津证券交易营业部成立，这是首家异地证券机构。1993 年 12 月 6 日，环球磁卡成为第一只在上海上市的天津股票。同年 12 月 10 日，国际商场成为第一只在深圳上市的天津股票。

21 世纪以来，金融业进入了更加繁荣的发展阶段，天津在不断积累金融实力的同时，机构集聚发展，不断扩展业务，进一步规范金融市场，为证券业的发展营造良好的市场环境。渤海证券有限责任公司和天弘基金管理有限公司分别于2000 年和 2004 年在天津市成立，它们成为了天津证券行业两大重要机构。2009 年，经天津市人民政府批准设立的天津股权交易所，成为天津市中小企业和成长型企业进行股权投融资的重要平台。

　　此外，天津市也是中国近代期货业发源地之一。1991年到1993年，天津钢铁炉料批发交易市场、天津北洋钢材批发交易市场、中国北方食糖批发市场、天津市纺织原材料交易市场、天津石化交易中心市场等10多个批发市场相继创立，期货机制及中远期合约交易得以推出。1993年到1994年，天津金属交易所、天津商品交易所相继挂牌，并推出了期货标准合约。1994年，天津联合期货交易所被正式列为试点期货交易所，次年按证监会要求进行了重组，实现了集中统一交易，揭开了天津期货市场发展新的一页，逐步得到了企业和投资者的认可，影响力不断扩大。

　　进入21世纪，天津对期货业提高重视，除了扶持本地公司外，加大力度引进资源，设立和融期货公司、津投期货公司、一德期货公司等。近年来，天津市积极吸引各类期货交割仓库落户天津，力求使得各金融资源共同发挥作用，形成以期货交割品种为主的交割库集散中心整体布局。

　　经过多年的发展，目前天津市已经形成了门类齐全、涵盖各类证券中介机构的证券服务体系，具体类型和对应数量如表3-5所示[①]。

表 3-5　2017 年天津市证券业基本情况

项目	数量
总部设在辖内的证券公司数/家	1
总部设在辖内的基金公司数/家	1
总部设在辖内的期货公司数/家	6
年末国内上市公司数/家	49
当年国内股票（A股）筹资/亿元	54.9
当年发行H股筹资/亿元	0.0
当年国内债券筹资/亿元	1629.2
其中：短期融资券筹资额/亿元	457.9
中期融资券筹资额/亿元	387.7

资料来源：中国人民银行天津分行、中国证券监督管理委员会天津监管局

　　表3-6总结了2017年天津市证券业机构分区县的分布情况，从中可以看出，

　　[①] 中国证券监督管理委员会天津监管局统计数据显示，截至2017年底，天津市有证券公司1家，证券公司分公司25家，证券营业部154家，基金管理公司1家，登记注册私募基金管理人447家，证券投资咨询公司1家，证券投资咨询分公司3家，独立基金销售机构4家，期货公司6家，期货分公司2家，期货营业部30家，期货交割库52家。

河西区、和平区、南开区、滨海新区四个区占据了天津市近 80%的证券分支机构；而期货公司主要集中在和平区，少数分布在河西区和南开区，其余区没有期货公司。

表 3-6　2017 年天津市证券业机构分区县情况统计

所在区县	上市公司		拟上市公司		挂牌公司		证券分支机构		期货公司		期货分支机构	
	数量/家	占比	数量/家	占比	数量/家	占比	数量/家	占比	数量/家	占比	数量/家	占比
和平区	4	8.16%	0	0	6	2.94%	33	18.44%	4	66.67%	9	28.13%
河西区	1	2.04%	1	4.17%	8	3.92%	45	25.14%	1	16.67%	8	25.00%
南开区	2	4.08%	0	0	8	3.92%	32	17.88%	1	16.67%	4	12.50%
河东区	0	0	0	0	1	0.49%	8	4.47%	0	0	2	6.25%
河北区	0	0	0	0	6	2.94%	8	4.47%	0	0	1	3.13%
红桥区	0	0	0	0	3	1.47%	4	2.23%	0	0	0	0
滨海新区	31	63.27%	14	58.33%	98	48.04%	30	16.76%	0	0	8	25.00%
东丽区	0	0	1	4.17%	12	5.88%	2	1.12%	0	0	0	0
津南区	2	4.08%	2	8.33%	12	5.88%	3	1.68%	0	0	0	0
西青区	2	4.08%	2	8.33%	9	4.41%	3	1.68%	0	0	0	0
北辰区	5	10.20%	2	8.33%	13	6.37%	2	1.12%	0	0	0	0
武清区	2	4.08%	0	0	15	7.35%	2	1.12%	0	0	0	0
宝坻区	0	0	1	4.17%	9	4.41%	4	2.23%	0	0	0	0
宁河区	0	0	0	0	1	0.49%	0	0	0	0	0	0
静海区	0	0	1	4.17%	4	1.96%	1	0.56%	0	0	0	0
蓟州区	0	0	0	0	0	0	2	1.12%	0	0	0	0
合计	49	100%	24	100%	205	100%	179	100%	6	100%	32	100%

资料来源：中国证券监督管理委员会天津监管局

注：本表中数据进行过四舍五入修约，存在合计不等于 100%的情况

（二）渤海证券发展状况分析

渤海证券股份有限公司，简称渤海证券，是唯一一家注册在天津滨海新区的

综合类证券公司。其前身为渤海证券有限责任公司，是由天津证券有限责任公司、天津市国际信托投资公司、天津信托投资公司、天津北方国际信托投资公司、天津滨海信托投资有限公司等公司的证券营业部合并重组，并吸收国内多家实力企业共同参股组建的大型证券公司。公司于 2001 年 6 月正式开业，截至 2017 年底注册资本为 80.37 亿元。

随着我国经济的进步和市场的完善，渤海证券逐步发展，2007 年 8 月获得规范类券商资格，2008 年 5 月改制为股份有限公司，2017 年在券商分类监管年度评级中获 A 类 A 级。2018 年初，经公司党委会和董事会同意调整经纪业务组织架构，形成"公司—分公司—营业部"三级管理层级，实现经纪业务分支机构分类、分级的集中统一管理。

目前，渤海证券已有较完备的业务体系，能够为多种类型的客户提供涉及经纪、咨询、顾问、承销、代销等多个方面的证券相关业务①。其中经纪业务起步较早，截至 2017 年底，共有 52 家证券营业部分布于天津、上海、北京、广州、深圳等经济发达的地区，且均能够为客户提供我国两大证券交易所股票、基金、债券等代理买卖服务。此外，有多种委托方式可供客户选择，如交易卡自助、电话自助、网上自助等。

渤海证券拥有多家子公司，分别主要负责不同的业务。例如，和融期货有限责任公司经营期货经纪业务，博正资本投资有限公司负责直投业务，渤海创富证券投资有限公司负责另类投资业务，渤海汇金证券资产管理有限公司负责资产管理业务，等等。

公司公告显示，截至 2017 年底，渤海证券总资产 554.45 亿元，净资产 148.51 亿元，在职员工 1737 人。此外，公司 2017 年主要业务营业收入为 133 397.16 万元（不含其他及抵消项）。其中，证券经纪业务营业收入占比最大，为 38.90%，自营证券投资业务营业收入占 15.47%，投资银行业务占比为 10.04%，信用业务占 15.81%，受托资产管理业务收入占 10.90%，相对而言，直接投资业务和期货经纪业务占比较小，分别为 7.70% 和 1.34%。

从利润率角度而言，证券经纪业务和信用业务对营业利润贡献最大，营业利润率占比分别为 31.83% 和 27.14%，其次为直接投资业务、投资银行业务和自营证券投资业务。如表 3-7 所示，与 2016 年相比，除直接投资业务收入大幅增长、信用业务小幅上升外，其余业务收入均有所下滑。

---

① 渤海证券的主要经营范围包括：证券经纪、证券投资咨询；与证券交易、证券投资活动有关的财务顾问；证券承销与保荐；证券自营；证券投资基金代销；为期货公司提供中间介绍业务；融资融券业务；代销金融产品业务；等等。

表 3-7　渤海证券 2017 年经营业绩

业务类型	2017 年		2016 年		营业收入增长率	营业利润率增长百分点
	营业收入/万元	营业利润率	营业收入/万元	营业利润率		
证券经纪业务	51 887	41.60%	71 395	44.32%	−27.32%	−2.72
自营证券投资业务	20 630	36.85%	83 050	76.54%	−75.16%	−39.69
投资银行业务	13 393	66.02%	24 839	75.99%	−46.08%	−9.97
信用业务	21 086	87.27%	18 957	81.52%	11.23%	5.75
受托资产管理业务	14 538	18.10%	15 003	53.54%	−3.10%	−35.44
直接投资业务	10 276	87.20%	2 126	61.27%	383.32%	25.93
另类投资业务	−205	—	6 396	75.48%	−103.20%	—
期货经纪业务	1 791	24.96%	2 140	30.15%	−16.27%	−5.19

资料来源：渤海证券 2017 年年报

注：表中数据为原始数据经过四舍五入修约后得到

总体来看，渤海证券立足天津地区，在经纪业务和投行业务方面具有一定的优势，随着公司战略逐步实施，以及经纪业务和投行业务等转型发展，公司业务模式和盈利模式进一步多元化，公司盈利能力还有较大的提升空间。同时，相较于一流券商，渤海证券仍在规模、影响力等方面存在一定劣势。当今的券商行业竞争越发激烈，公司面临着传统业务和创新业务的双重压力，更需要明确战略定位，重视服务质量和管理效率，进一步提高影响力，构建特色化的品牌，打造以财富管理为核心的发展模式，促进金融服务实体经济，围绕证券相关核心业务多方协同发展，充分利用金融资源，打造现代金融集团。

在经纪业务方面，公司未来将以客户为中心，细分市场，深挖需求，为客户提供专业化的服务。围绕客户多元化服务需求，积极推进机制、模式等方面的创新，推动营业部从简单的经纪通道向综合金融服务转型，设立地区性、综合性、互补性分公司，营业部、分公司成为公司产品设计创新、产品销售、客户维护的引擎和前沿阵地。未来公司也将通过充实互联网金融商城产品线，加强营销策划和渠道拓展，搭建多功能的公司互联网平台，有序推进公司综合金融服务体系的构建。

在自营投资业务方面，公司计划未来要继续坚持稳健的投资风格，坚守多策略交易、分散化投资的原则，最大限度规避市场风险；加强对宏观经济、政策的研究，做好资产配置，强化对投资过程的动态评估，顺势而为，提高应变与调整能力。严格投资管理，改进负债管理，努力降低融资成本，严控信用风险和流动性风险。

在投行业务方面，公司已明确将投资银行业务定位为精品产业投行，为实体经济服务，为供给侧结构性改革服务，重点支持符合政策的新技术、新产业、新业态、新模式，围绕企业的生命周期、政府的决策转变，用诚信、专业、综合性服务满足战略发展、并购融资、咨询等全方位的需求。公司投资银行业务处于持续资源整合中，未来转型和整合任务仍较为艰巨，但同时发展空间巨大。

综上，渤海证券具备较为务实和长远的战略，在不断精进传统业务的基础上，进一步发展创新业务。但宏观经济趋势和行业的激烈竞争都将对公司的未来发展提出艰巨的挑战，所以公司仍需紧抓发展契机，注重业务创新，防范金融风险，强化公司治理，为实现一流券商的目标而不断努力。

三、天津市传统金融之保险业

天津市保险发展根基深厚。20 世纪初，天津就拥有 269 家中外保险公司，数量居全国之首。中华人民共和国成立后，受计划经济影响，保险业停办；自 1980 年恢复保险市场后，天津市保险业不断壮大，从一家独大转为多家保险企业互相竞争，共同发展。

近年来，由于经济金融市场的繁荣发展，社会需求更为多样化，保险业实现了跨越式发展，无论是保险公司数量，还是保险服务质量都大幅提升。保险业不断涌现创新产品，行业监管与自律体系要求也更为完善。

如表 3-8 所示，资料表明，截至 2017 年底，天津市共有 6 家总部设在辖内的保险公司，57 家保险公司分支机构，其中人身险公司数量略多于财产险公司。在保费收入方面，2017 年天津市保险业共实现保费收入 565.0 亿元，同比增长 6.7%。

表 3-8　2017 年天津市保险业基本情况

项目	数量
总部设在辖内的保险公司数/家	6
其中：财产险经营主体/家	2
人身险经营主体/家	4
保险公司分支机构/家	57
其中：财产险公司分支机构/家	24
人身险公司分支机构/家	33
保费收入/亿元	565.0
其中：财产险保费收入/亿元	141.6
人身险保费收入/亿元	423.4

续表

项目	数量
各类赔款给付/亿元	155.3
保险密度/（元/人）	3629.2
保险深度	3.0%

资料来源：中国人民银行天津分行、中国保险监督管理委员会天津监管局

第三节　天津市金融创新与金融生态

一、天津自贸区金融改革创新

天津自由贸易试验区，简称天津自贸区，是设在天津市滨海新区的区域性自由贸易园区，涵盖了天津港片区、天津机场片区及滨海新区中心商务三大功能区，于 2015 年 4 月 21 日正式挂牌。

除此之外的自贸区还有上海、广东和福建三大地区。天津自贸区是北方首个自贸区，承担着京津冀协同发展和自贸区试点两大国家战略，致力于成为京津冀协同发展高水平对外开放平台、全国改革开放先行区和制度创新试验田、面向世界的高水平自由贸易园区。

国务院 2015 年发布的《中国（天津）自由贸易试验区总体方案》显示，天津自贸区的主要功能按区域布局有所划分。其中，天津港片区重点发展航运物流、国际贸易、融资租赁等现代服务业，天津机场片区重点发展航空航天、装备制造、新一代信息技术等高端制造业和研发设计、航空物流等生产性服务业，滨海新区中心商务片区重点发展金融创新等现代服务业。

从自贸区的主要功能可以看出，自贸区的建设主要聚焦于服务贸易和金融业的发展，在前面章节中我们强调金融业在推动实体经济发展中发挥着关键性作用，所以自贸区重点发展金融业对推动天津市及整个北部地区经济具有一定的战略性意义。为使金融更好地服务实体经济发展，人民银行颁布《中国人民银行关于金融支持中国（天津）自由贸易试验区建设的指导意见》，从扩大人民币跨境使用、深化外汇管理改革、促进租赁业发展、支持京津协同发展、完善金融服务功能、加强检测与管理六大角度为自贸区金融发展提出 30 条发展意见，简称"金改 30 条"。

2018 年 5 月 29 日，天津自贸区以新闻发布会的形式公开介绍了挂牌三年来

的改革创新工作进展情况。资料显示，截至 2018 年 5 月[①]，自贸区已基本完成了
90 项改革任务、175 项制度创新举措，累计新增市场主体 4.5 万户，是自贸区设
立前的两倍，注册资本超过 1.6 万亿元。在全市 1% 的面积上创造了全市 12% 的地
区生产总值、1/3 的外贸进出口额等。此外，自贸区坚持金融服务实体经济，如落
实"金改 30 条"、扩大外汇综合业务、建设企业开户绿色通道、发展普惠金融等，
也取得了卓越成就[②]。

其中，融资租赁业务得到重视，取得了迅速的发展，成为天津自贸区在金融
改革创新方面的诸多举措和进展中最为显著的成就之一，下面本节将对其进行详
细分析。

融资租赁是天津自贸区金融业的一大亮点，目前在全国融资租赁行业处于领
先地位，这一业务主要是通过租赁形式帮助需要购置大型设备的企业缓解一次性
购买所带来的资金压力，特别是对于中小型企业来说，租赁形式可以满足其以少
量资金迅速获取所需设备的需求。自 2007 年工银租赁作为首家银行系融资租赁公
司获批在津试点起，天津市的融资租赁业务迅速发展；特别是自贸区成立以后，
政策相继落地，自贸区迎来更多融资租赁企业，推动其成为中国融资租赁业的聚
集区。

为有效支持融资租赁业务的发展，天津市相继实施了多条相关金融改革创新
及试点政策，包括支持以外汇储备开展进口设备租赁，支持跨境租赁，为资金运
转提供便利等，此外还支持融资租赁母子公司对外债额度的共享，方便外债额度
的统筹安排，解决资金需求错配难题[③]。

在服务方面，对融资租赁企业，自贸区建设了专家加管家的服务体系，设计
税务结构、制定通关模式、提供融资渠道信息、信息归集撮合交易、专业解读法
规政策等。自贸区利好政策的实施为租赁公司创新业务的多元化发展和租赁产业

---

① 推进制度创新　加速产业集聚　天津自贸区 90 项改革任务　175 项制度创新举措基本完成.
http://www.gov.cn/xinwen/2018-05/30/content_5294730.htm[2021-10-10].

② 具体如下：人民银行颁布的"金改 30 条"已全部落地；三年来自贸区企业开展全口径
跨境融资累计借用外债 17.4 亿美元，发放境外人民币贷款 150 亿元；全国首家获批经营性租赁
收取外币租金业务的东疆港业务量已突破 35 亿美元；金融创新与"放管服"改革措施有机结
合，实施外汇业务"一站式"综合服务、企业开户"绿色通道"、金融集成电路（integrated circuit,
IC）卡"一卡通"服务等一系列便民惠民措施等。

③ 支持自贸区内租赁公司利用国家外汇储备，开展飞机、新型船舶、海洋工程结构物和
大型成套进口设备等租赁业务；允许符合条件的融资租赁收取外币租金；支持租赁公司依托自
贸区要素交易平台开展以人民币计价结算的跨境租赁资产交易；允许自贸区内租赁公司在境外
开立人民币账户用于跨境人民币租赁业务，租赁公司可在一定限额内同名账户的人民币资金自
由划转；创新融资租赁母子公司共享外债额度新业务模式。

的高质量扩张提供了良好的发展平台。

截止到 2018 年 5 月底，天津自贸区各类租赁公司达 3256 家，其中租赁公司总部超过 1300 家，累计租赁飞机 1140 架、船舶 145 艘、海上钻井平台 13 座，分别占全国的 90%、80% 和 100%，改变了外资垄断局面，同时也形成了全球第二大飞机租赁业务中心。在融资租赁企业种类方面，由单一类型的企业转向多元化，体现出共同发展的趋势：银行系与产业系并存，混合与民营并存，大、中、小融资租赁公司共同发展。在租赁产品方面，已相继开发近 40 种租赁交易结构产品，企业经营范围覆盖多个领域[①]。由此可见，自贸区租赁业务实现了强劲发展，进一步提高了金融服务实体经济的能力，推动着滨海新区及整个天津市实体经济的总量增长。

虽然自贸区租赁业务的发展已基本形成产业集聚优势，但与国外发达国家相比，想要实现长期稳定增长仍有一些问题需要改进。

第一，融资渠道有待拓宽。虽然融资租赁公司数量高速增长，但绝大多数企业均为中小型企业（陈月生，2016），融资方面主要依赖自有资金和银行贷款，而银行贷款的要求多、机会小，融资难、融资贵等问题限制了经营良好的中小型企业进一步发展，天津政府仍需积极关注并出台相关政策完善以中小型企业为主体的融资租赁市场的融资渠道和融资方式。第二，人才培养制度有待提高。融资租赁作为一种新型融资方式具有较强的专业性，需要大量具有创新性和专业性的高素质人才，而天津市一直以来在人才培养与人才引进方面缺乏相关机制或培养力度远远不足，导致企业发展跟不上行业发展步伐。第三，缺乏有效风险监管。政府及相关机构大力推进租赁业的发展，而对行业风险的把握和管控较为不足，而融资租赁业务期限长，面临较大的市场风险、违约风险等，为促使自贸区融资租赁业持续发展，应加强监管，避免这些风险的长期积累。

二、天津科技金融服务

科技创新是第一生产力，是推动产业革命的核心要素，而科技创新的发展往往离不开金融创新的扶持。

研究和实践表明，科技金融的提出是科技创新活动与金融创新活动的有机融合，是由科技创新活动引发的一系列金融创新行为（刘芸和朱瑞博，2014），科技与金融的结合，能够提升科技对经济的促进作用，也能够反过来更好地支持科技发展。

---

① 租赁交易结构产品包括保税租赁、出口租赁、进口租赁、离岸租赁、联合租赁、资产包转让租赁、人民币跨境结算等；企业经营范围覆盖飞机、船舶、海工平台、电力设备、轨道交通、医疗器械、新能源、无形资产等多个领域。

近年来,《中共中央 国务院关于深化科技体制改革加快国家创新体系建设的意见》《"十三五"国家科技创新规划》和《中共中央 国务院关于服务实体经济防控金融风险深化金融改革的若干意见》等相关政策先后发布,鼓励发展科技金融。各地区也纷纷响应,在各区域内形成科技金融的热潮,其中,天津市抓住机遇,较早开始了科技金融实践。

2003 年天津市率先建立了企、银、科合作的"金桥之友"制度,2009 年率先开展了科技型中小企业打包贷款工作,2012 年天津市在科技部的批准下成为首批促进科技和金融结合试点地区之一,正式开启了探索科技与金融结合的新征程。经过几年的发展,天津市目前已初步形成了科技金融服务体系,科技型企业数量多,规模可观,为天津市经济增长做出了重要贡献①。

具体来讲,天津市在科技金融方面取得的成就主要包括以下几个方面。

1. 相关政策体系不断完善

为实现创新型城市的发展目标,天津市出台了相关政策扶持科技金融的发展,如《关于推动我市科技金融改革创新的意见》《天津市鼓励股权投资企业投资初创期和成长期科技型中小企业补贴办法(试行)》《关于进一步促进企业利用资本市场加快发展的实施意见》《天津市人民政府办公厅关于促进创业投资持续健康发展的实施意见》等,已初步形成了科技金融政策体系②。

2. 建立科技金融服务体系

一方面,金融服务中心的成立为天津市科技金融发展提供了综合性的便利平台,到目前为止,天津市各区基本都成立了科技金融服务中心。例如,2012 年天津市成立了高新区科技金融服务中心,旨在打造新津融天使会、风险投资(venture capital,VC)联盟、债券融资平台及新三板 IPO 服务平台,为科技型企业提供股、贷、债三种"资本"及战略、行业、法律财务等多种"智本"。2014 年天津市成

---

① 资料来源:天津:科技型企业近 10 万家 众创空间超 150 家. http://www.gov.cn/xinwen/2018-03/15/content_5274431.htm[2021-10-10].

截止到 2018 年 3 月,天津市科技型企业总数超过 9.69 万家,其中年产值超亿元的科技"小巨人"企业总数达 4200 家、国家高新技术企业达 4093 家;"小巨人"工业总产值占规模以上工业总产值 54%,高新技术产业产值超过 1/3,为天津市经济增长做出了重要贡献

② 天津市出台的相关政策主要包括:《关于改进和加强我市财政科技资金管理的意见》《天津市科技保险保费补贴办法》《关于推动我市科技金融改革创新的意见》《天津市鼓励股权投资企业投资初创期和成长期科技型中小企业补贴办法(试行)》《天津市科技型中小企业信用贷款风险补偿办法(试行)》《天津市科技金融对接服务平台认定及考核补贴办法》《关于发展众创空间推进大众创新创业的政策措施》《关于进一步促进企业利用资本市场加快发展的实施意见》《关于支持我市企业上市融资加快发展有关政策的通知》《天津市天使投资引导基金管理暂行办法》《天津市科技小巨人企业产业并购引导基金管理暂行办法》《科技型企业股份制改造补贴资金管理办法》《天津市人民政府办公厅关于促进创业投资持续健康发展的实施意见》等。

立了滨海新区科技金融服务中心，开展各类科技金融创新联盟活动、政策性资金专项服务、科技型中小企业融资对接等服务。

另一方面，天津市各金融机构按照政府要求为科技创新提供优质的金融服务，如部分商业银行建立了中小企业专营机构，针对中小企业客户融资需求的具体特点，通过改变业务流程等方式，有效提高了科技金融服务的质量和效率；各商业银行机构加强对企业科技创新活动的金融服务，以完善专利权质押融资的手段促使科技企业无形资产转化为有形资产，进而间接支持科技企业的自主创新；保险公司与银行等金融机构合作搭建科技贷款及保险专项服务平台，为在融资方面存在困难的科技项目及企业提供贷款和保险服务；部分融资租赁企业也深入科技型企业，为其提供办公经营及研发设备等的租赁服务，缓解中小型科技企业的成本压力。金融机构提供的各类金融服务也都有具体的产品相配合，逐步实现标准化。

表 3-9 为天津市各银行针对科技金融开发的各类产品。

表 3-9　天津市各银行的科技金融产品

银行	科技金融产品名称
中国工商银行	小微企业固定资产购建贷款、网络循环贷款、法人客户网上质押融资业务、网上票据池质押融资、创业快贷、网上小额贷款、小企业周转贷款、小企业经营型物业贷款
中国农业银行	税银通、微易贷、科创贷、简式贷
中国银行	税易贷、乐业通、存易贷、中银上市通宝、新三板通宝、滨海高新模式
中国建设银行	小微快贷、科技信用贷、科技创新贷款定价方案、上市贷、众创空间小微企业综合金融服务方案
交通银行	固定资产贷款、快易收（国内保理）、快易收（应收账款质押）、快易贴（商票快贴）、快易付（快捷保理）
中信银行	政府采购贷款、政府风险补偿基金贷款、房产抵押贷款、法人房产按揭贷款、银税贷
光大银行	知识产权质押贷、三板贷、政采贷
华夏银行	年审制贷款、网络贷、房抵贷、华夏快贷、奖励贷
广发银行	捷算通卡、快融通
平安银行	口袋财务、税金贷、房易贷
招商银行	股权小额直投、小企业抵押贷、高新贷、诚信纳税贷、政采贷、供应链自助贷、三板贷
浦发银行	高企天使贷、专利天使贷、含权天使贷、科技三板贷、投资天使贷、商标天使贷、文创天使贷、双创天使贷、千人天使贷、房抵天使贷、税务天使贷、科创天使集合票据
兴业银行	易速贷、连连贷、交易贷、厂房按揭、三板贷、兴业管家
渤海银行	快捷贷、渤税贷、小额快捷通、科技型企业信用贷、政采贷
中国邮政储蓄银行	信易融、房地产抵押贷、小企业房产按揭贷、新三板贷、政府采购贷、小微易贷、担保公司担保贷、快捷贷、主动授信、科技贷、厂房小企业双创精英贷按揭、无还本续贷、创业英雄汇

续表

银行	科技金融产品名称
北京银行天津分行	认股权贷款、网速贷、组合贷、智权贷、股改补贴贷
天津银行	租金贷、专利权质押贷款、商标专用权质押贷款、应收账款质押贷款、银税通、投连贷、政采贷
天津农商银行	非上市公司股权质押贷款、商标专用权质押贷款、专利权质押贷款

资料来源：天津市科学技术委员会

3. 拓展科技企业融资渠道

在拓展融资渠道方面，天津市鼓励科技型企业股份制改造和上市融资。2012年，天津市政府办公厅转发市金融局等部门《关于支持我市企业上市融资加快发展有关政策的通知》，指出对进行重组、挂牌交易和上市发行股票的天津本地企业给予财政扶持并减免相关税费。

天津市股权交易所也在不断努力搭建中小微企业的融资平台，截止到2017年底共有挂牌企业308家，累计股权融资总额312.46亿元，累计成交金额68.42亿元。

总体来看，天津市科技金融的发展取得了显著成效，但同时也逐渐暴露出一些问题。

第一，金融环境有待进一步完善。一方面，各部门之间缺乏协作，倾向于各自开展科技金融体系建设工作，不利于效率提升，还易导致疏漏；另外，天津市科技型企业与金融机构之间的有效沟通及信息对接仍有待提高。

第二，科技企业信用体系不完善。金融机构在投资过程中需全面掌握企业的基本信息、财务状况等，如果金融机构对每一家有合作意向的企业均进行详细全面的调查，将会给企业带来巨大的成本压力，所以针对科技型企业建立健全完善的信用体系成为推动科技金融高效发展的重要举措，而天津市在此方面的建设仍有待提高。

第三，科技企业上市融资规模较小。部分科技企业在日常经营、发展战略等方面均表现良好，但这些企业的管理者往往来自非金融领域，缺乏对资本市场的认识，进而丧失了企业进军资本市场寻求扩张的机会，所以相关政府部门应通过加大宣传教育等手段强化科技企业参与资本市场的意识和能力。

三、天津金融生态

在国内，金融生态的概念最早是由中国人民银行行长周小川在2004年"中国经济50人论坛"中提到的——完善法律制度，改进金融生态，此后融合了生态、环境、金融等的金融生态被广泛接受并延伸。关于金融生态的定义在不同文献中的表述有所不同，其中最常见的定义指微观层面的金融环境，主要包括社会信用程度、政府扶持力度、法制建设完善程度、企业改革进展及银企关系等多个方面。若想实现金融业可持续健康发展，金融生态环境建设是重中之重。金融生态环境直接影响着金融业的发展速度和发展质量，进而影响金融服务实体经济的水平和效率。

天津市是较早关注金融生态建设的地区之一，2005 年人民银行天津分行和金融时报社共同举办了"区域金融生态环境建设"研讨会，这是国内首个专门研究金融生态环境建设的研讨会。天津市政府已经成立了财政、税务、工商、公检法、新闻宣传、人民银行、金融监管和金融机构等各个部门齐抓共管、协调调动的天津市金融稳定协调领导小组。经过多年的积累，天津市金融生态环境虽在某些方面仍有进一步提升的空间，但保持着持续优化的态势。

在信用体系建设方面，天津市政府于 2015 年 6 月印发《天津市社会信用体系建设规划（2014—2020 年）》，全面部署政务、商务、社会和司法四大领域信用建设各项任务，印发"任务分工"，明确十二大类、126 项具体措施。2015 年 11 月天津市政府印发《天津市人民政府办公厅关于贯彻落实法人和其他组织统一社会信用代码制度建设总体方案的意见》，2017 年 5 月天津市委办公厅、市政府办公厅联合印发《关于加快推进失信被执行人信用监督、警示和惩戒机制建设的实施意见》，并制订实施督查考核工作方案。2017 年 5 月市政府印发《天津市运用大数据加强对市场主体服务和监管的实施方案》，进一步加强对市场主体的服务和监管。此外，天津市还陆续制定印发了政务诚信、个人诚信、电子商务诚信、实名登记制度等 4 个信用建设领域的实施方案，已经基本完成了信用制度框架的初步建立。

在金融消费权益保护方面，天津市于 2017 年编制《金融消费纠纷处理实务操作指引》，提供了有效应对金融消费纠纷的引导，切实解决了消费者发生纠纷后的处理问题。此外，天津市政府深入推进金融消费权益保护检查和评估，增强机构的消费者保护意识，为金融业务的顺利进展提供了良好的支撑环境。为扩大金融知识普及率、进一步提升社会公众的金融素养和风险意识，天津市还依托"金融消费者权益日"和"金融知识普及月"等，大力开展金融知识宣讲、绿色金融进校园等系列活动，大力发展金融知识宣传教育，进一步推动了金融生态环境的优化。

第四节　天津市金融服务实体经济的机遇和挑战

一、天津市金融服务实体经济发展机遇

（一）自身基础条件优厚

第一，天津市自身自然条件优越，为经济与金融发展提供了先天性的优势，

主要表现在地理位置、交通运输、自然资源等方面。在地理位置上，天津市与首都北京相邻，政策消息的接受速度快，且向西与中国西北、华北地区相通，拥有辽阔的经济腹地，"一带一路"扶持西部地区的发展倡议将为天津与西部省市的合作提供良好的机会。此外，天津市地处渤海湾最西部，是北方地区与外部进行贸易往来的重要窗口。

在交通运输方面，天津港是我国北方第一大港，码头功能齐全，为天津及北部地区与东北亚地区的商品物资流动提供了便利的交通，已基本形成以港口为中心的海陆空相结合立体交通网络[①]。

在自然资源方面，天津市拥有丰富的金属矿及非金属矿、地热、石油、天然气等自然资源，如渤海和大港两个油气田已探明的石油地质储量达40亿吨，拥有极高的开采价值。此外，天津市具有丰富旅游资源，旅游业有着充分的发展空间。天津有着自然风景、名胜古迹、海湾游乐区等，旅游业的兴盛对带动服务业发展具有重要意义。

第二，经济基础扎实。天津市拥有悠久的工业发展历史，虽然在21世纪后受环保因素等影响受到一定的阻碍，但天津市政府积极进行战略部署，坚持科学发展、转变发展主线，确立八大优势支柱产业[②]，开辟了发展新型工业化的道路，目标是在2020年构建一个以战略性新兴产业为引领、装备制造业为核心、优势支柱产业为支撑的新型工业体系。《天津市工业经济发展"十三五"规划》资料显示，天津市工业总产值在"十二五"期间实现了两个万亿元的增长，在全国重点城市中位居第二位。在产业结构方面，八大优势支柱产业产值占全市工业总产值的89.5%，先进制造业占工业比重50%以上，形成了以滨海新区现代制造为主、中心城区高端都市工业和区县特色工业相互补充共同发展的产业空间发展格局，产业聚集效应明显。

第三，金融发展迅速。金融被普遍认为在现代经济中占据核心地位，诸多现代经济发展理论和现代经济发展史也都论证了该观点。天津市在20世纪被称为北方的经济金融中心，拥有相对完整的资本市场体系和资本市场运行机制。进入21世纪，在天津市被正式确定为国家金融改革创新基地之后，天津市政府积极响应、贯彻落实相关政策，并发布一系列文件支持区域金融业。除此之外，天津市放眼区域外，重视学习其他金融业发达地区的经验，并不断与其他区域加强金融合作，

---

① 目前，天津港与180多个国家和地区的500多个港口建立了合作关系，航道和码头等级均达到30万吨级，建成全国最大的保税港区和亚洲最大的邮轮母港。天津滨海国际机场是目前北方重要的干线机场和最大的货物空运中心，公路铁路系统辐射华北、西北、东北广大地区。

② 包括：航天航空、石油化工、装备制造、电子信息、生物制药、新能源新材料、国防科技和轻工纺织等。

为金融业的发展创造良好的政策优势和生态环境。同时，金融创新运营示范区的发展，促使大量资本流向天津，促进了天津资本市场的繁荣，科技金融、农业金融、绿色金融、普惠金融等的稳步发展大大增强了天津市金融服务实体经济的能力。

（二）国家宏观政策扶持

天津市目前正面临五大国家级发展战略叠加的历史性机遇，制度创新、政策创新、服务创新的红利交织在一起，不仅为天津市的经济发展指明了方向，也极大释放了经济发展空间。该五大国家级战略具体包括：滨海新区开发开放、天津自贸区、国家自主创新示范区、京津冀协同发展战略、"一带一路"倡议。

第一，滨海新区开发开放。2006 年 5 月，《国务院关于推进天津滨海新区开发开放有关问题的意见》发布，将天津滨海新区推向中国开放最前沿，从对外开放、研发转化、运输物流等方面给予其功能定位[①]。

经过多年发展，滨海新区在多个领域取得了重大进展：地区生产总值突破万亿大关，成为中国首个迈入万亿规模的国家级新区；产业结构调整成效明显，2016年三次产业在经济总量中的比重为 0.12：59.42：40.46，第三产业占比大幅提高，滨海新区的现代化服务迅速发展，为整体经济注入了新的活力。在经济快速发展的同时，居民消费水平不断提高，教育事业、医疗服务、文化事业等取得进步。多年来，滨海新区在坚持改革的过程中，不断积累经验，蓄力发展，拥有坚实的基础和蓬勃的朝气。

第二，天津自贸区。设立自贸区，是党中央、国务院顺应全球经济贸易发展新趋势，统筹国内、国际两个大局，提升我国开放型经济水平的重大决策。2014年 12 月 12 日，天津自贸区经国务院批准设立。2015 年 4 月 21 日，天津自贸区正式挂牌。天津自贸区自设立后，始终坚持制度创新，推广自贸区经验和模式，促进京津冀协同发展，促进贸易，加速运转，扩大开放，面向世界。

成立三年来，自贸区建设取得阶段性成果，总体达到预期目标。29 日自贸区新闻发布会公布，截至 2018 年 5 月，90 项改革任务、175 项制度创新举措基本完成，累计新增市场主体 4.5 万户，注册资本超过 1.6 万亿元，2017 年实现一般公共预算收入 226 亿元，增长 11.4%，实际利用外资 28 亿美元，增长 12.1%，在全市 1%的面积上，创造了全市 12%的地区生产总值、10%的一般预算收入、1/4 的实际利用外资额和 1/3 的外贸进出口额。为进一步深化自贸区改革开放，国务院

---

① 《国务院关于推进天津滨海新区开发开放有关问题的意见》中对天津滨海新区的功能定位是：依托京津冀、服务环渤海、辐射"三北"、面向东北亚，努力建设成为我国北方对外开放的门户、高水平的现代制造业和研发转化基地、北方国际航运中心和国际物流中心，逐步成为经济繁荣、社会和谐、环境优美的宜居生态型新城区。

于 2018 年 5 月颁布《进一步深化中国（天津）自贸试验区改革开放方案》，将推动天津自贸区在更广领域和更高层次探索全面深化改革、扩大开放程度。

第三，国家自主创新示范区。2014 年 12 月，国务院批准天津滨海高新区建设国家自主创新示范区，这是国家深入实施创新驱动发展战略和京津冀协同发展战略的重要决策，也是推动地区工业转型升级的重大机遇。2015 年 1 月，天津市委、市政府出台《中共天津市委 天津市人民政府关于加快建设天津国家自主创新示范区的若干意见》，确定了示范区的发展目标，提出到 2020 年形成"一区多园"的创新发展格局，大力支持创新，发挥引领示范作用①。

截止到 2017 年底，天津国家自主创新示范区注册企业总数已超过 11 万家，落户的科技型企业、"小巨人"企业、国家高新技术企业占全市比重分别超 30%、40% 和 56%，建设新型研发机构近 30 家，初步形成新一代信息技术、高端装备、生物医药等主导产业集群。

第四，京津冀协同发展战略。该战略是党中央、国务院站在全局和战略高度做出的重大部署，旨在解决京津冀发展中的深层次矛盾问题。2015 年国家出台《京津冀协同发展规划纲要》，把天津市功能定位为全国先进制造研发基地、北方国际航运核心区、金融创新运营示范区、改革开放先行区②。天津市在此战略背景下坚持改革创新，承接北京非首都功能，发挥京津联动作用，服务河北发展，在研发、航运、金融创新等方面进行大力建设，促进京津冀协同发展③。

第五，"一带一路"倡议。"一带一路"是"新丝绸之路经济带"和"21 世纪海上丝绸之路"的简称，是习近平在 2013 年时分别提出的合作倡议，且随后在十八届三中全会审议通过的《中共中央关于全面深化改革若干重大问题的决定》中明确提出要"建立开发性金融机构，加快同周边国家和区域基础设施互联互通建

---

① 到 2020 年形成"一区多园"的创新发展格局，建成自主创新能力显著增强、高端新兴产业发达、创新和服务体系完善、高水平创新人才聚集、知识产权保护环境优良、创新生态环境优化、富有创新发展活力的创新型园区，成为创新主体聚集区、产业发展先导区、转型升级引领区、开放创新示范区。

② 这一功能定位体现了党中央、国务院对天津市发展的高度重视和殷切期望，和对天津市比较优势、城市功能、发展方向的深刻把握，同时也为天津新时代的发展指明了前进方向，注入了强大动力，提供了新的历史性机遇。

③ 天津市制定了《天津市贯彻落实〈京津冀协同发展规划纲要〉实施方案》，提出坚持改革统领、创新驱动，坚持优势互补、一体发展，坚持市场主导、政府引导，坚持统筹推进、率先突破，以承接北京非首都功能、强化京津双城联动、服务河北发展为重点，以资源环境承载能力为基础，以现代城镇群建设为载体，以构建长效体制机制为抓手，着力建设全国先进制造研发基地，着力建设北方国际航运核心区，着力建设金融创新运营示范区，着力建设改革开放先行区，努力形成京津冀目标同向、措施一体、功能互补、共建共赢的协同发展新格局，为打造中国经济发展新的支撑带做出积极贡献。

设，推进丝绸之路经济带、海上丝绸之路建设，形成全方位开放新格局"①。天津市作为亚欧大陆桥东部起点、中蒙俄经济走廊的东部起点和海上丝绸之路的战略支点，地位作用十分突出。天津市政府在此战略机遇下积极贯彻落实，提出《天津参与丝绸之路经济带和 21 世纪海上丝绸之路建设实施方案》，计划重点做好三方面工作。一是发展多式联运跨境交通走廊，建设津承铁路，完善京津冀通往二连浩特、满洲里口岸的运输网络，打通津蒙欧的向北通道；建设津保忻铁路，与新欧亚大陆桥衔接，打通津新欧的向西通道，与内地合作建设 25 个无水港，开展货运多式联运，推进空地联运、空空联运、空海联运取得积极进展。二是建立大宗商品境外生产基地，重点推进铁矿、煤炭、棕榈油等能源资源项目建设。三是积极推动优势企业和产业"走出去"，推动国际产能合作。

二、天津市金融服务实体经济发展挑战

（一）金融市场体系不完善

改革开放 40 多年来，天津市金融业变化显著。从组织体系看，在改革开放初期，天津市仅有 27 家金融经营机构，而到 2017 年天津市银行业金融机构 3129 家，证券业金融机构 726 家，保险业金融机构 63 家，基本形成了多元化现代金融组织体系和多层次金融市场体系：银行、证券、保险、信托、基金、期货等，多种类型的金融组织蓬勃发展；货币市场、资本市场、外汇市场等，丰富了金融市场的层次。

但是，无论是从金融资产规模，还是从业务创新等角度，天津与北京、上海等地相比，仍存在一定的差距。

首先，天津金融规模仍有待提升。从组织数量看，总部设在天津的金融组织数量远远不够。据《天津金融发展报告（2017）》统计，截至 2016 年底，全国 12 家股份制商业银行中，仅有 1 家总部在天津，而北京有 4 家，上海有 2 家；在天津有 2 家外资法人银行，而北京有 6 家，上海甚至有 17 家；天津的证券、期货、基金、保险等公司总部数量也与北京和上海相差甚远。从资产规模看，天津也并不占优势。2017 年天津银行业金融机构资产总额 4.8 万亿元，而北京为 22.2 万亿元，上海为 14.5 万亿元，天津社会融资规模 2790.3 亿元，而北京为 8254.8 亿元，上海为 11 748.4 亿元。

其次，天津金融市场交易体系发展滞后，到目前为止，尚无全国性的金融交易市场，这在一定程度上降低了金融交易的活跃度。天津设有区域性的股权交易

---

① 中共中央关于全面深化改革若干重大问题的决定. http://www.gov.cn/jrzg/2013-11/15/content_2528179.htm[2021-10-10].

所——天津股权交易所，虽然相对弥补了全国性金融交易市场的缺乏，但该交易所在近几年的发展中也面临着一些困境。2015 年证监会对股权交易场所进行整顿，要求各股权交易所的服务对象必须为所在地的中小微企业，若涉及跨区域则需与企业所在地政府进行合作并报备双方证监会，这无疑降低了企业到天津股权交易所（以下简称天交所）挂牌的积极性。另外，天交所与新三板之间存在较强的竞争，两者的主要业务都是进行挂牌公司股权的托管，且国家规定企业只能在二者之间选择一个，而新三板在金融业的声望高于区域性股权交易所，且政府在国家层面的支持力度也明显大于区域性股权交易所，目前新三板已逐步取消了不同层次市场之间的交流障碍，提高了企业通过新三板向主板市场转板的期望，因此天交所在此背景下面临严峻的发展挑战。

最后，天津金融中介服务业发达程度有待提升。中介服务机构也是金融体系的重要组成之一，包括金融资信评级、会计师事务所等。而天津金融中介机构的规模不够，知名度也相对不高，专业程度和服务质量仍有提升空间，仍需向发达地区看齐。

（二）金融开放度与创新度有待提高

一方面，天津的金融开放度相对不足。区域金融开放度的提高有利于与国际金融规则相接轨，提高市场化程度，也有利于吸引国外资金，促进资源在全国范围内的流动、重组和优化配置。天津享有自贸区发展、"一带一路"倡议等国家加大对外开放性的发展规划，在金融开放度上与内地诸多地区相比已存在一定优势，但与发达国家，甚至国内北京、上海等地相比仍存在差距。以外资银行为例，截至 2017 年末，天津有外资银行（包括分支机构）51 家，与北京 121 家、上海 231 家相比仍存在较大差距；以人民币国际结算为例，2016 年天津银行机构办理人民币跨境结算金额达 2379 亿元，同比增长率达 87.03%，但这一规模仅为同期北京的 21% 和上海的 14%，该数据的对比在 2017 年更为明显，进而反映出天津在外汇管理改革、金融对外开放方面存在的不足。

另一方面，天津金融改革有着极大的政策空间，金融业不断创新才能更好地发挥优势。虽然天津一直重点关注和扶持金融创新，在某些方面也确实取得了良好成绩，但客观上仍存在一些不足之处。从实践角度出发，天津金融创新在产品方面较为薄弱，并没有充分提升金融产品的竞争力。虽然天津吸收了更多类型的金融组织，成立了更为多元的机构，但这些组织和机构的创新特色未得到充分体现，推出的产品往往大同小异，缺少实质性的、有突破性的金融创新，推出的金融创新产品知名度也较低，没有形成天津自己的"品牌"。无论是金融创新环境，还是机构的创新水平，都有很大的提升空间。

（三）金融人才资源相对匮乏

金融业作为一个特殊的行业，对人才的依赖性较强，且对人才的要求也相对多元化，不仅需要具备对银行、证券、保险等的专业知识，也需要了解政治、经济、文化等方面，更需要有长远的国际视野，以适应全球化发展的新时代。所以，一定程度而言，人才是金融业发展的重要推动力，金融业的竞争实质上是金融人才的竞争。天津市在金融人才的规模、质量等方面存在一定的不足，进而影响着金融业的创新程度和发达程度。

其一，天津市金融从业人员数量相对较少。随着天津滨海新区开放，各类金融机构步入快速发展的征程，吸引了大量的金融人才。表 3-10 列示了京津冀三个地区城镇金融业从 2008 年到 2016 年就业人员数量，从中可以看出金融业就业人员数量呈现稳步上升的趋势，2016 年天津市金融业就业人员为 16.00 万人，同比增长 32.23%。但是，相比之下，北京、河北地区的金融从业人员数量一直稳定多于天津，2016 年从业人数分别为 32.20 万人和 51.40 万人，分别是天津市的 2 倍和 3 倍左右。

表 3-10　京津冀城镇金融业就业人员数　　　　　　　　单位：万人

年份	天津	北京	河北
2008	6.17	22.68	22.15
2009	6.68	25.38	23.42
2010	6.95	27.24	24.24
2011	7.72	32.87	23.83
2012	7.82	37.56	24.65
2013	8.09	39.14	25.64
2014	8.90	43.20	27.70
2015	12.10	47.20	29.90
2016	16.00	51.40	32.20

资料来源：国家统计局

其二，天津市金融人才质量有待提升。金融人才的质量决定了地区的金融实力，天津市金融业硕士研究生和博士研究生数量占比并不高，注册金融分析师、注册会计师、注册金融策划师等高端金融人才更为稀少。在人才交流方面，天津市缺乏金融行业的交流平台，在规模、数量、影响力上均严重不足，这将减少金融人才获得专业性信息的机会，降低了人才交流形成学科交叉融合的机会。此外还需特别注意的是，当今金融与新技术结合已成为趋势，互联网、大数据、物联网迅速发展，天津市需要有金融专业知识、有技术素养的复合型人才。

其三，天津市金融人才服务体系有待完善。天津市多数金融机构多通过校园招聘或者从其他金融机构引进人才。但是，金融机构若想提升竞争力，就需要进一步广纳贤士，进一步从国内外金融市场引入人才。然而，部分金融机构自身不具备相应的吸引力，一方面缺乏良好的激励措施，难以引入高端人才；另一方面缺乏完善的淘汰机制，低端人才难以退出。在人才培养方面，天津市"985"高校和"211"高校数量远不及北京、上海等地，在金融人才的教育培养方面，也以应试教育为主，导致教育体制与市场脱节，较难满足目前天津市金融经济发展对专业型、复合型、创新型人才的要求，进而限制着金融创新程度和金融服务实体经济质量的提高。

第四章　构建区域性金融集团的战略规划

第一节　区域性金融集团构建理念——金融集团

一、金融集团概述

（一）金融集团的定义

自 20 世纪 90 年代以来，随着经济全球化、金融一体化的发展，分业经营已不再是整体趋势，金融体系更多呈现混业经营的模式。在这样的形势下，逐渐发展起一批广泛涉及多种业务且整体规模相对较大的金融集团。在介绍金融集团的相关内容前，有必要对金融集团的界定进行阐述。金融集团到底是什么？目前，国际上没有统一的法律层面的界定。而且即便是在同样的国家和地区，随着金融集团的发展，它的定义也是不断变化的。目前国际上被普遍认可的定义主要有以下两大类。

1. 《金融集团监管原则》

1992 年，国际证监会组织（International Organization of Securities Commissions，IOSCO）在《金融集团监管原则》（The Principles for the Supervision of Financial Conglomerates）中将金融集团定义为：共同所有权下，包含从事一定规模的证券业务、银行业务、保险业务及其他金融业务的一个或多个公司的公司群体。

1993 年，巴塞尔银行监管委员会（Basel Committee on Banking Supervision，BCBS）、国际证监会组织、国际保险监督官协会（International Association of Insurance Supervisors，IAIS）成立了金融集团联合论坛（The Joint Forum on Financial Conglomerates），并于 1999 年发布《金融集团监管原则》（1999 年版），对金融集团的界定为：在同一控制权下，受监管实体明显从事至少两种的银行、证券和保险业务。

2008 年金融危机后，金融集团联合论坛更新了 1999 年版《金融集团监管原则》，并于 2012 年发布了新版《金融集团监管原则》（2012 年版）。2013 年，我国银监会发布其中文译稿，以吸取国际经验，促进我国金融监管水平的提升[①]。

[①] 中国银行业监督管理委员会关于发布联合论坛《金融集团监管原则》(中文译稿)的公告. https://www.pkulaw.com/chl/e66d1ae42442ae9fbdfb.html?keyword=%E9%87%91%E8%9E%8D%E9%9B%86%E5%9B%A2%E7%9B%91%E7%AE%A1%E5%8E%9F%E5%88%99%EF%BC%8820 12%E5%B9%B4%E7%89%88%EF%BC%89[2021-10-10].

该原则定义金融集团为：在受监管的银行业、证券业或保险业中，实质性地从事至少两类金融业务，并对附属机构有控制力和重大影响的所有集团公司，包括金融控股公司。

2. 《金融集团监管指令》

2003 年 11 月，欧盟发布的《对金融企业集团中的信用机构、保险业及证券公司之补充监管指令及修订其他相关指令之建议案》（简称《金融集团监管指令》）正式生效，根据该指令，金融集团是指符合下列条件的企业集团。

（1）集团的总公司是被监管的金融机构，或其中至少有一个子公司是被监管机构。

（2）如集团的总公司是被监管机构，该总公司可以是金融机构的母公司，也可以是参股公司，或是与金融机构通过合同、章程达到统一管理的公司，或主要管理、监督人员与金融机构的同等人员相互兼职的公司。

（3）如总公司不是被监管机构，集团的业务应主要为金融业务。

（4）集团中至少有保险业机构，并至少有一个银行业或投资业务机构。

（5）集团的保险业务总量及银行或投资服务业机构的业务总量都是重要的。

虽然目前对金融集团的定义尚未完全统一，但通过以上释义来看，金融集团具备以下两点特征。

第一，在组织形式上，金融集团公司是一个"公司集团"，即至少包括两个独立法人机构，集团公司通过持股实现对公司的控制。在金融集团中，公司之间存在着较强联系，母公司统一管理子公司。对于控制权股份的具体比例，实践中并无统一标准，通常是指金融控股公司取得子公司 25%以上的所有权或有表决权的股份。

第二，在业务形式上，金融集团中公司的业务以金融为主或者为全部，且必须选择银行、证券和保险两种及以上的服务，应有银行子公司、证券子公司或保险子公司等。

（二）金融集团的形成动因

金融集团是金融业追求资本投资最优化、资本利润最大化的资本运作形式，其产生根源是对范围经济、规模经济和协同效应的追求（姚军，2015；危平和杨明艳，2017）。下面将详细分析范围经济、规模经济和协同效应在金融集团中的应用。

1. 范围经济

范围经济（economies of scope），指相较于分别生产多种产品，同时生产时成本更低，效益更高，要注意这里"范围"指的是厂商的范围。

对金融领域而言，范围经济是指金融机构同时经营商业银行、投资银行、信托投资及保险公司等不同业务，总经营成本低于分别经营成本之和，总经营收益高于分别经营收益之和。

范围经济集中表现在三个方面。

第一，生产成本降低带来的范围经济。金融集团的成本降低，既可以表现在办公场所、交易平台、通信网络等固定资产成本的分摊，电脑软件开发和人力资源投入等无形资产成本的分摊上，也可以体现在管理费用、销售费用、营销宣传费用的削减上：宣传集团同一品牌下的两个及以上业务部门的广告费用大幅削减，共同客户信息也可实现共享，销售和配送渠道也可以实现联合利用。

学者从成本降低的角度展开研究：Saunders 和 Walter（1994）通过风险模拟的方法研究发现，由于银行、保险和证券业务现金流通常不相关，不同业务组合能够降低风险和成本。Kwan（1998）立足于风险暴露角度发现金融集团有助于降低金融企业的经营成本，进而取得范围经济效果。但 Vennet（2002）分析欧洲全能银行的成本效率发现，若银行规模适中则能够有效降低成本，而规模过大或过小都不能。

第二，多元化业务带来的范围经济。金融消费品的需求具有极强的关联性，如客户将资金存入银行，为了保值甚至增值，可能会有意向购买证券，或者保险。而金融集团的组织形式可以更有效地提供"一站式"或"金融超市式"的金融服务，所以金融集团可以通过提供多元化业务获得范围经济。

学者也从多元化业务的角度进行研究：顾客之所以会倾向于选择在同一金融集团购买多种金融产品，是因为能够有效降低客户的搜寻成本、信息成本、监控成本和交易成本（郭锐欣等，2015）。Yeager 等（2007）指出，由于金融控股公司在提高成本效率方面的效果并不显著，因而消费者不会在短期内从中获得较为明显的价格折扣，在价格相似的情况下，消费者更加看重金融控股公司能够提供的便利。

第三，风险分散带来的范围经济。金融集团在提供多元化金融服务的同时，能够规避单一金融市场波动造成的经营风险。公司特有的风险是可以分散的，即"不把鸡蛋放在一个篮子里"。

学者从风险分散的角度展开研究：当金融集团某个子公司业务亏损时，集团可通过注入流动性、剥离负债、合并重组等方式予以化解（钱东平，2016），降低了整体风险，使控股集团经营更稳健，有利于整个金融体系保持稳定。李振杰（2018）研究金融控股公司及银行机构、保险公司、证券公司的总风险，发现合并后金融控股公司的系统性风险下降。

2. 规模经济

规模经济（economy of scale）侧重于产量增加，单位成本下降，即生产更加专业化，生产每一个产品的成本就减少了，随着生产数量的增加，企业的长期平均成本递减。

将规模经济放到金融集团中来，是指不改变金融业务产品组合，随收入增加降低平均成本，即存贷款、表外业务品种、股票、债券、基金、各种保单等组合不变，集团规模扩大、利润增长，同时长期平均成本不断下降的现象。有学者针对汇丰集团的资产规模展开实证研究，发现集团资产规模变动利于提升集团经营业绩、增加股东收益，通过并购实现的资产规模扩大可以在短时间内提升集团经营业绩（肖建军等，2009）。

3. 协同效应

协同效应（synergy effects），又称互补效应，是指公司业务组合价值，大于各部分价值相加，形象地说就是"1+1>2"的效应。

金融集团的协同效应，实际上与范围经济和规模经济有异曲同工之处。金融集团中，各成员可以实现技术、信息等共享，从而降低成本，提高效益，这也就是协同效应。协同效应有经营协同效应和财务协同效应之分（徐文彬，2013），下面将对这两种效应进行具体分析。

经营协同效应是合并给集团经营活动效率方面带来的变化及效率提高所产生的效益。一方面，金融集团的各子公司可以建立经销商名单制和客户服务名单制，使得子公司相互之间实现经销渠道共享和目标客户共享，有利于挖掘目标客户的潜在金融服务需求，提高金融集团各类业务的市场占有率。另一方面，金融机构通常都有自己的研发团队，对金融集团来说，集团中的不同研发团队可以实现更为充分的交流和思维碰撞，共享研发资源和成果，促进创新，减少各自研发的成本，也在一定程度上降低研发的难度。

财务协同效应是指各子公司并购后给集团带来的财务费用的降低、财务能力的提高及合理避税等效应。当子公司参与合并后，将对整个集团进行偿债能力评估，如果子公司的偿债能力不佳，集团中偿债能力强的企业将为之"分担"一部分，对其进行一定程度的"弥补"。这样，集团作为一个整体来进行偿债能力评价，有利于在一定程度上化解偿债能力对个别子公司融资的限制问题，提升整个集团的信用等级，塑造良好的企业外部形象。同样，集团内部不同子公司适用的税率存在差异，所以，在合法的前提下，可以对不同子公司的分布进行合理的分配。比如，若 A 子公司成本较高、利润较低，可以将 A 设在高税率地区；若 B 子公司成本较低、利润较高，可以将 B 设在低税率地区。

（三）金融集团的模式

1. 全能银行模式

全能银行也称综合银行，是指通过同一法人实体内部的不同业务部门，同时提供银行和非银行金融服务的金融机构。

德国是其中的典型，其全能银行模式源于 19 世纪 50 年代，目的是缓解重工业行业快速发展带来的资金需求，为钢铁、煤矿、机械、化学等企业提供企业贷款，同时逐步参与到为企业发股、发债等融资行为中（文诗博，2013），当然政府对银行提供全面金融业务的鼓励和支持政策在很大程度上促进了德国全能银行制的发展（郑鸣，2002）。目前除德国外，法国、意大利、荷兰、瑞士、卢森堡等国家也采用了全能银行模式，该模式的组织结构如图 4-1 所示，其主要表现为如下几个特点。

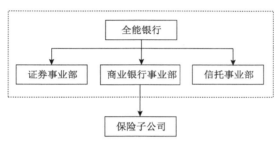

图 4-1　全能银行模式的组织结构

（1）从业务范围看，全能银行采用混业经营，业务广泛。可以说，全能银行既涵盖了商业银行和投资银行的功能，如存款贷款、发行证券、项目融资等，又能够提供资产管理、咨询等服务，堪称"全能"。不仅如此，全能银行还可以涉及实业，即金融之外的企业。由此，全能银行可分为一般全能银行和特权全能银行，它们的区别在于能否投资非金融实业。一般全能银行的业务限于金融领域，发挥着商业银行、投资银行等的作用；特权全能银行则不限于金融业务，其还可以投资一般工商企业，它们能够拥有非金融企业的股权并对其进行控制，这可以视为产融结合的一种模式。

（2）从组织形式看，全能银行是最彻底的混业经营制，它允许同一家金融机构以内设事业部的形式经营其他金融业务，即在企业内部设置商业银行事业部、证券事业部、保险事业部及其他金融事业部。除此之外，全能银行可以在境内设立不具有独立法人资格的分行和代表处，还可以通过股权投资的方式在境内外建立具有独立法人资格的专业金融机构，如保险金融机构，从而形成具有内在联系的全能银行网络体系。

（3）广泛的集团外部相互持股情况（戴群中，2007），主要表现在两方面。一方面，全能银行和自身股东相互持股。另一方面，全能银行能够直接或间接地持有非银行部门的债务类有价证券和股本类有价证券，并作为股东代理机构参加非银行部门公司的股东大会。

2. 金融控股公司模式

金融控股公司模式是通过股权控制集团内各子公司的一种方式，按照母公司是否直接参与业务经营，可以分为纯粹型金融控股公司和经营型金融控股公司（Skipper，2000）。

在纯粹型金融控股公司模式下，母公司作为单纯投资机构，不参与经营，主要负责整个集团的战略管理，负责收购、兼并、转让子公司股份，并协调子公司的资源分享及业务活动以取得股权收益（贝政新和陆军荣，2003）；子公司作为独立法人，独立运营和核算，负责具体金融业务，与其他子公司的内部往来交易也通常遵循市场规则。

纯粹型金融控股公司的组织结构如图 4-2 所示，公司的综合经营特征十分明显，可以提供银行、证券、保险、信托等多元化服务。但子公司分别承担不同的业务，实际上也有分业经营的特点。采用该模式的典型代表为美国、日本和韩国等。

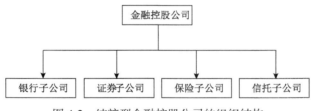

图 4-2　纯粹型金融控股公司的组织结构

在经营型金融控股公司模式下，母公司除了控制子公司，自己也至少经营一种金融业务，也可能通过子公司从事其他金融业务。其中，较为常见的母公司是银行或保险公司。

经营型金融控股公司的组织结构如图 4-3 所示，采用该模式的主要国家为英国、加拿大、澳大利亚等。

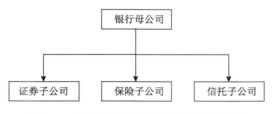

图 4-3　经营型金融控股公司的组织结构

将纯粹型金融控股公司与经营型金融控股公司进行比较，二者各有优劣。葛君（2009）从经营效应和经营风险两个角度进行分析，认为纯粹型金融控股公司因母公司只专注于战略管理，有利于子公司充分发挥独特的专业化优势，进而提高集团的经营效益；另外，母公司不经营金融业务也有利于减少内部交易、更好地平衡子公司间的利益冲突，进而实现较低的经营风险。但是，纯粹型金融控股公司对母公司的资本运营能力、金融经营经验具有很高的要求，集团相对的组织管理成本也较高。

表 4-1 列出了金融控股公司两种模式的比较分析结果。

表 4-1　金融控股公司两种模式的比较

类别	纯粹型金融控股公司	经营型金融控股公司
利益冲突和内部交易	较少（只存在于子公司之间）	较多（存在于子公司及母子公司之间）
组织管理成本	相对较高	相对较低
资本运作	效率较高	效率较低
战略管理	效率较高	效率较低
风险传递	较低	较高
透明度	较高	较低
子公司失败的影响	较小	较大

二、金融集团监管

金融监管是指国家或者地区的金融监管当局和中央银行等其他金融监管机构依据法律法规的规定或授权对金融机构实施监督管理的基本规范和程序。近年来，混业经营成为趋势，更多更加具有综合性的金融集团逐步建立，这就对我们的金融监管制度和架构提出了新的要求，即如何对金融集团进行监管？相较于单个金融企业，金融集团中，持股关系往往更为复杂，如果只考虑单个企业，其安全并不能得到充分保障，面临着诸如资本充足率不足、风险传递、利益冲突、关联交易、监管失效等众多金融风险。针对这些特征，对金融集团进行有效的监管有重要意义。

资本充足率不足风险是指因金融集团资本的重复计算而导致其资本不足的风险。对单个金融机构来说，资本充足率一般都会受到分业监管情况下相应监管机构的限制。但对金融集团而言，集团中的资金可能会被重复利用，母公司和子公司可能多次使用同一笔资本以提高资金利用率，这样会造成计算重复，即集团的资本充足率的实际值将远低于账面值。

资本重复计算的情况主要表现在：母公司以债务或自有资本投资子公司，母公司和子公司财务报表中同时出现这笔资金；子公司之间相互持股或交叉持股，也会重复计算资金（钱东平，2016）。

风险传递，可以理解为风险在集团内部的一种传递，这可能是由于集团内部某一子公司发生事故，传递到其他子公司甚至影响整个集团。风险传递的原因可以分为两大类：一类是集团内部主动的风险传递，如集团中的 A 子公司面临破产，集团可能采用不当方式，把 B 子公司的利润转移给 A，使之得以存续；还有可能为逃避监管，故意将风险从一个公司转移到另一个。这样，风险非但没有得到解决，反而可能加剧，影响到整个集团，甚至造成系统风险，影响整个体系。另一类是集团被动风险传递，主要表现为消费者将金融集团看成一个整体，当某个子公司出现经营问题时，即使子公司间建立了良好的"资金防火墙"，也无法成为市场"信心防火墙"（万峰等，2013），进而使得子公司个体风险上升为集团整体风险，损害集团的整体形象、声誉和信用。

利益冲突，又称利益背反，即集团内部的利益矛盾。金融集团中，不同金融业务单位有着不同目标和利益追求，有时可能产生矛盾。满足所有单位的需求是较为困难的，通常以集团整体利益为先，但可能损伤某些单位的利益。在金融集团中，利益冲突包括集团内部利益冲突和集团与客户利益冲突两种情况。集团内部的利益冲突包括母公司和子公司的利益冲突及不同子公司间的利益冲突，通常情况下由于母公司和子公司间的从属关系，往往以母公司的决策为主。集团与客户的利益冲突来源于信息不对称，集团可能利用信息优势，与客户进行不公平交易以谋求自身利益。

关联交易是指发生在关联人之间的有关安排转移资源、权益或事项的行为。正常的关联交易是发挥规模效应、协同效应，有效管理资产负债以增加利润的基本手段，也是组建金融集团的意义所在（徐云松，2018）。然而，不当的关联交易容易积累风险。例如，当某个子公司面临困境，即便其风险较大，极可能产生违约行为，集团中的银行子公司可能也会被要求优先为其提供贷款，或者提供过量贷款。一旦该公司违约，银行利益也会受损。

上述风险普遍存在于金融集团中，不仅侵害了广大消费者的利益，加大了客户与金融机构间的信息不对称，而且不利于市场的有效竞争，严重的金融风险甚至会造成经济系统的崩溃。这些风险仅靠金融集团自身的内部监管是不能完全避免的，必须依托于有效的外部监管。目前，受国家经济体制、金融市场发展状况等因素的影响，不同国家的金融监管模式各不相同，下面将介绍三种国际上较为成熟的监管模式。

（一）美国"伞形"监管模式

美国对金融控股公司（美国金融集团的主要形式为金融控股公司）的监管最早开始于 1956 年的《银行控股公司法》，限制银行对保险子公司及非金融子公司的投资，并明确将"防火墙制度"引入银行控股公司中，对关联交易予以绝对禁止。《1970 年银行控股公司修正法》将单一银行控股公司纳入美联储监管体系下，并在一定范围内放宽了对关联交易的限制。到 20 世纪 90 年代时，金融混业经营与集团化经营现象已较为普遍，1999 年美国颁布了《金融服务现代化法案》，正式拉开了美国混业经营的序幕，允许银行、证券及保险之间的多元化经营。

　　美国在 1999 年建立"伞形"监管模式，如图 4-4 所示，具体表现为：①明确美联储作为综合监管牵头监管者对金融控股公司法人主体进行整体监管；②公司继续采取分业监管，银行类子公司主要由美联储、州货币监理署、储蓄监管办及联邦存款保险公司负责监管，证券交易委员会、保险监督署、商品期货交易委员会分别监管证券业务、保险业务和期货业务；③制定了"客户信息保护的指导原则"来避免子公司与客户之间的利益冲突；④放宽了有关防火墙的限制，但仍保留了限制金融控股公司内部交易和客户信息共享的规定，用于防范利益冲突风险和风险传递。

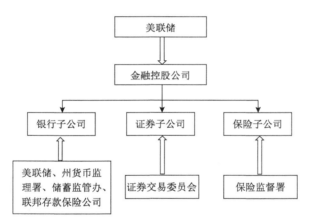

图 4-4　美国"伞形"监管模式

　　2008 年，国际金融危机爆发，这在一定程度上说明了美国的金融监管存在缺陷。在当时的"伞形"监管模式下，监管权力相对分散，监管标准缺乏统一性，各部门间的合作偏弱，存在疏漏。所以，2010 年美国出台了《多德-弗兰克华尔街改革与消费者保护法案》，加强美联储监管权限，但并没有改变已有的"伞形"监管模式，具体体现为四点：①增设金融稳定监管委员会、消费者金融保护局、联邦保险办公室等机构来强化联邦层级的监管；②对所有从事金融服务并具有系统重要性的控股公司实行统一最低资本充足率标准；③解决"大而不能倒"问题，如禁止金融集团通过兼并控制全美 10%以上的存款或金融体系 10%以上的并表总负债，通过沃尔克规则限制银行业机构开展证券和衍生品等高风险自营业务；④针对监管的漏洞，加强对证券化市场、场外交易市场及具有系统重要性的支付、清算和结算体系的全面监管。

（二）英国"双峰"监管模式

20世纪70年代以前，英国金融业多为自律管理，监管为辅。但是，这种自由政策在1973～1975年发生了转变，英国的金融机构流动性危机引发对监管的重视。1979年，英国首部《银行法》正式赋予英格兰银行金融监管权，同年首部《存款人保护法》形成了分业监管，其中，英格兰银行负责监管银行业，证券与投资管理局及其下设的三家行业自律组织分别负责监管证券公司、投资与基金公司和养老金，贸易工业部下设的保险业董事会负责监管保险业，建筑协会委员会负责监管建筑协会。

1986年，撒切尔政府发动了伦敦金融业政策"大爆炸"改革，这次改革意在增强金融自由化，监管则大幅减少。在这次改革的影响下，分业经营体制被削弱甚至被摧垮，金融服务限制更少，业务融合增加，如商业银行与投资银行的结合等。这也促进了涵盖银行、证券、保险等业务的综合性金融集团的建立。金融集团的出现逐步暴露出分业监管的缺陷，所以，1997年，英国政府顺应金融产品服务更加复杂、金融集团不断兴起的形式进行改革，剥离了英格兰银行的银行监管职能，新设金融服务管理局（Financial Service Authority），由金融服务管理局统一负责对商业银行、投资银行、证券、期货、保险等金融行业的监管。2000年，《金融服务与市场法》从法律上确立了金融服务管理局作为唯一金融监管者的地位，自此，英格兰银行负责制定宏观货币政策，英国财政部负责金融立法，金融服务管理局负责微观审慎监管的统一的、全新的"三方制"（余建川和常健，2018）监管框架就此成立。

"三方制"格局下，金融服务管理局主要强调关注个体金融机构风险，但同时忽视了宏观金融系统稳定性的重要目标，这一监管弊端在2008年全球金融危机事件中全面爆发，由此英国再一次进行了监管体系改革，其核心思想是重新构建一个强有力的中央银行。2009年《银行法》设立英国金融政策委员会（Financial Policy Committee）主要负责金融监管体系的宏观审慎监管。2012年出台的《金融服务法》将金融政策委员会纳入英格兰银行，同时在金融政策委员会下设了审慎监管局（Prudential Regulation Authority），与单独设立的金融行为监管局（Financial Conduct Authority）一同负责微观审慎监管，构成"双峰"监管模式，如图4-5所示。其中，审慎监管局负责储蓄类机构、保险公司、主要投资公司等大型金融机构的审慎监管，而金融行为监管局作为金融服务管理局法律实体的延续负责其他金融机构的监管并直接对英国财政部负责，金融行为监管局与审慎监管局之间保持合作与协调关系。更为重要的是，英格兰银行将直接负责对系统具有重要性的金融机构进行监管，凸显了英格兰银行金融监管政策由过去的微观审慎为主、宏观审慎为辅转向以宏观审慎为主、微观审慎为辅的本质变化。

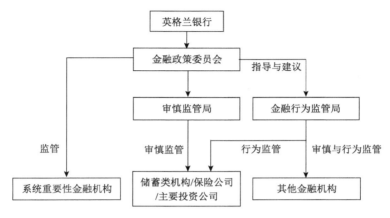

图 4-5　英国"双峰"监管模式

此后，2012 年，伦敦银行间同业拆借利率（London interbank offered rate，LIBOR）垄断操纵案曝光。英国政府迫于巨大的压力，在 2013 年重新修改金融服务法，在银行"围栏"、实施救助、人员责任及银行标准等方面制定更加严格的监管规则。

2016 年，英国颁布《2016 年英格兰银行与金融服务法案》，将审慎监管局完全整合进了英格兰银行内部，不再作为英格兰银行的附属机构，而是设立审慎监管委员会，同时设立了货币政策委员会，形成货币政策委员会、审慎监管委员会、金融政策委员会负责货币政策、微观审慎监管和宏观审慎管理职能的金融监管体系框架。

（三）德国统一监管模式

全能银行模式是德国金融混业经营的核心体现，尽管如此，德国的金融监管在 2002 年以前一直采用的是分业监管模式，其中，联邦银行监管局监管银行业，联邦证券监管局和联邦保险监管局分别监管证券业、保险业。

但是，在混业经营的背景下，分业监管市场因跨行业金融产品的监管权而发生相互争夺或推诿，引发不同程度的监管真空和监管重复。随着分业监管的弊端更加明显，从业人员和学者等纷纷呼吁将银行业、证券业和保险业进行合并监管（杜莉和高振勇，2007）。在公众的呼吁下，德国金融监管开始迈向统一监管的模式。

2002 年，依据《金融监管一体化法案》，德国当局成立了新的金融监管局——德国联邦金融监管局（BaFin），这是由原联邦银行监管局、联邦证券监管局和联邦保险监管局合并而成的。新的金融监管局依照原有的《德国银行法》《保险监管法》《德国证券交易法》，对德国金融业进行统一监管。

德国联邦金融监管局具有法人资格，直接对财政部负责。德国联邦金融监管局的职能机构包括理事会、咨询委员会以及三个分别接替原联邦银行监管局、联邦证券监管局和联邦保险监管局职能的委员会，还有三个特别委员会负责监管金融市场交叉领域，即金融市场分析与风险委员会、消费者保护与法律委员会、市场准入准则与实施委员会。其中，金融市场分析与风险委员会负责金融稳定、金融市场风险分析、审计和检查等，消费者保护与法律委员会负责消费者和投资者权益保护及相关法律制定，市场准入准则与实施委员会负责市场准入法规制定和实施。

德国联邦金融监管局统一监管结构如图4-6所示。

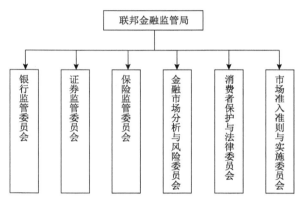

图 4-6 德国统一监管模式

三、金融集团的国内发展

1995 年之前，我国缺失基本金融法，对金融业的经营与监管模式并没有明确的规定，实际上处于混业经营的状态。在 20 世纪 80 年代，大多数银行都设立了信托投资部、证券公司或证券营业部，如国泰君安证券股份有限公司、南方证券有限公司、华夏证券股份有限公司当时分别隶属于建设银行、农业银行、工商银行（翟义波，2015）。但随着金融行业特别是证券业的快速发展，金融混业经营的范围和力度更大，但风险意识不足、非理性投资加剧、监管缺失等原因加速了金融机构的风险积聚，导致金融市场呈现严重混乱现象。自 1993 年 7 月开始，我国发布法律法规，大力规范金融市场，并强化分业经营政策。

1995 年《中华人民共和国商业银行法》正式出台，明确规定商业银行分业经营的体制。此后陆续实施的《中华人民共和国证券法》《中华人民共和国保险法》也明确规定了分业经营、分业管理的制度。法律上不允许混业经营。在监管方面，1998 年，中国人民银行不再负责监管证券、保险，证监会和保监会成立，实行分业监管。2003 年，银行监管职责也正式由银监会承担。至此，我国国内分业经营的监管框架也就正式确立了。

我国加入世界贸易组织后，市场发展、竞争加剧，已有金融模式受到了冲击。在 2003 年和 2005 年，我国分别修订《中华人民共和国商业银行法》和《中华人民共和国证券法》，以"国家另有规定的除外"的方式取消了混业禁令，在一定程度上允许了金融混业经营。

此前在 2002 年时，国内已出现金融混业经营的萌芽，当时国务院批准中信集团、光大集团、平安集团为三家综合金融控股集团，开展金融业综合经营试点工作。2005 年 2 月，中国人民银行、银监会、证监会联合发布《商业银行设立基金管理公司试点管理办法》，准许商业银行设立基金管理公司。许多大型国有企业响应政策，先后参与了金融控股企业的创立，初步构成我国金融控股集团的第一梯队。

此后，在 2008 年 2 月，《金融业发展和改革"十一五"规划》提出推进金融业综合经营试点，支持机构开展多样化业务[①]。这在很大程度上促进了国内金融集团的长足发展。2013 年 6 月，证监会颁布实施《保险机构投资设立基金管理公司试点办法》，允许保险机构投资设立基金管理公司，进一步完善了金融机构跨业务经营的法律体系。

同时，随着互联网金融的快速发展，百度、阿里巴巴、腾讯、京东等互联网巨头也逐渐进入金融领域。

随着近年来金融市场的实践与发展，虽然从法律角度看，我国的金融业仍属分业经营，但各金融业务之间的界限已不再那么明显，有更多机构跨行业开展多种业务，扩大规模，甚至形成金融集团。目前，国内现有金融控股集团的模式大致可以分为三大类。

第一类是以金融机构为主体的纯粹型金融控股集团。如上文所言，纯粹型金融控股公司的集团层面并不开展具体的金融业务，而主要是以投资并持股金融机构为主要业务。国内 2002 年试点的中信集团、光大集团、平安集团属于纯粹型金融控股集团。以中信集团为例，其本身不从事具体金融业务，但旗下包含了多家金融类子公司[②]，各子公司业务涉及多个金融领域，门类齐全，有明显协同优势。

---

① 《金融业发展和改革"十一五"规划》提出："稳步推进金融业综合经营试点。鼓励金融机构通过设立金融控股公司、交叉销售、相互代理等多种形式，开发跨市场、跨机构、跨产品的金融业务，发挥综合经营的协同优势……"

② 中信集团旗下的金融类子公司包括：中信控股有限责任公司、中信信托有限责任公司、中信投资控股有限责任公司、中信银行股份有限公司、中信银行（国际）有限公司、中信国际金融控股有限公司、信诚人寿保险有限公司（合资保险公司）、中信证券股份有限公司、中信新际期货有限公司（合资期货经纪公司）、中信资产管理有限公司、中信资本控股有限责任公司、信诚基金有限公司等。

　　第二类是以金融机构为主体的经营型金融控股集团。以工商银行、建设银行、交通银行等国有大型商业银行为载体的金融控股集团较常见。以交通银行为例，通过合资、并购重组及新设公司等，扩展金融业务，目前已涉及银行、证券、保险、基金、信托等领域。交通银行旗下有合资的交银施罗德基金管理有限公司、并购重组而来的交银国际信托公司、发起设立的交银金融租赁有限责任公司、交银康联人寿保险公司等。交通银行的业务也已发展至我国香港地区，在香港成立交银国际控股有限公司，该公司及其子公司涉及证券、资产管理等方面的业务。

　　第三类是以实体公司为主体的经营型金融控股集团。这一类型的集团是由实体公司控股、参股金融业而形成的，其中既包括国有企业集团，也包括民营企业集团，如新希望集团有限公司、宝钢集团有限公司等。这些公司自身发展较为迅速，其现金流较为丰富，有足够的能力投资其他企业，而我国法律允许普通的工商企业、信托投资公司运用自有资本向任何金融机构投资，也基本没有限制企业集团财务公司、金融租赁公司运用自有资本投资其他金融机构。这样，既受法律许可，又可以充分利用富余资金，实体公司资本控股金融公司的现象就更多了。另外，这些实体公司通常也有一些金融方面的需要，投资金融公司更方便满足其资金运转需求等。

第二节　区域性金融服务集团构建理念——金融产业集群

一、产业集群概述

（一）产业集群基本内涵

　　产业集群（industry cluster），也称"产业簇群""竞争性集群""波特集群"，对产业集群的经典研究最早见于英国新古典经济学家阿尔弗雷德·马歇尔（Alfred Marshall）的《经济学原理》一书，他从外部经济的视角研究产业集群这一现象，他把专业化产业集聚的特定地区称为"产业区"，并将其定义为一种由历史与自然共同限定的区域，其中的中小企业积极地相互作用，企业群与社会趋向融合，他认为外部规模经济与产业集群之间具有密切的关系，产业区内集聚最根本的原因在于获取外部规模经济[①]（马歇尔，1997）。

　　迈克尔·波特在《国家竞争优势》一书中正式提出"产业集群"的专用名词，他认为产业集群是在特定的区域内相互联系、具有竞争与合作关系且在地理上集

---

　　① 马歇尔产业区. https://baike.baidu.com/item/%E9%A9%AC%E6%AD%87%E5%B0%94%E4%BA%A7%E4%B8%9A%E5%8C%BA/12748912[2021-03-30].

中的公司和机构集合，包括供应商、金融机构、厂商及其他机构等（波特，2002）。此后，产业集群这一概念得到了广泛传播和使用，在不同学科如经济学、管理学、经济地理学、社会学等中概念也不同。

在这里，产业集群有几个重要特征：①首先其基本特征是地理接近，一定针对某个特定地域；②其次是成员之间有关联性，即组成产业集群的成员之间会有一定的分工关系，或者依附、合作、竞争等；③最后是整体性，在市场中，要将集群的这些企业视为一个整体参与竞争。

产业集群可以划分为不同的类型，常用的是按照产业关联的方式划分为纵向产业集群、横向产业集群和区域产业集群。

第一，纵向产业集群，其中的企业属于一个产业的上、中、下游，企业彼此间存在着生产过程的投入产出关系，具有良好的分工和协作秩序，通过产业链维系。集群通常会与外围产生联系，从而服务于每个生产环节，如供电、供水、运输等。

第二，横向产业集群，集群中通常有一个核心产业，其他企业与之有着横向的、多层的联系，核心产业主导并带动这些企业，在这种结构中，外部经济效应使得每个企业都能受益。

第三，区域产业集群，通常由许多中小企业组成，这些企业不一定来自相同产业，而是借助区域的优势聚集在一起。这些企业充分利用区位优势，如廉价劳动力集中地、信息和技术开发地、原料集中地等，形成专业化程度较高的小型产业集群。

传统的产业集群形成机制包括市场自发论、政策驱动论和折中论三种形式：第一种强调产业集群是在市场经济发展过程中自发形成的，第二种强调政府在产业集群发展中的主导作用，第三种则在强调市场力量的同时，将政府政策引导列入考虑范围（张旭明，2012）。

除此之外，产业集群的形成需要内外条件的协同：在市场需求方面，有需求才有产业发展的动力，客户对产业集群提出了需求，无论是否来自当地，都是催生产业集群和扩张的重要动力；在生产要素方面，当地是否具备产业集群所需的资源，如成本相对低且满足质量要求的原料、符合专业要求的人才、充足的资金及适宜的环境和地理位置等，这些都是产业集群形成的基础；在地区政策方面，需要当地支持产业发展，并有较为完善的制度安排；在地区产业基础方面，一个地区如果要形成产业集群，往往需要这个地区具备产业基础，能够提供支持，如当地是否有值得信任的供应商，是否有一些相关的、发展良好的企业等；在竞争方面，如果当地存在激烈的良性竞争和产业升级的持续积极性，将是产业壮大的推力。

（二）产业集群的竞争优势

产业集群的组织模式具备高效率和高生命力的特点，在激烈的竞争中具备明显优势，学术界对这一现象展开了多角度的研究与讨论，其中最为著名的主要包括阿尔弗雷德·马歇尔的规模经济优势、阿尔弗雷德·韦伯的集聚效应优势和罗纳德·科斯的交易费用优势。

1. 规模经济优势

马歇尔在《经济学原理》中将产业集群的原因归结于"外部规模经济"：部分企业自身规模不够，难以实现规模经济，于是这些企业利用地理位置上的接近，通过外部合作获得规模经济的效果，尽可能实现成本最小化。他认为外部规模经济具有如下优势。

（1）市场规模扩大带来的中间投入品的规模效应。每个企业在独自的生产过程中，可能需要多种中间品，但每种中间品的数量可能并没有那么多。如果这些企业聚集在一起，每种中间品的总需求量就扩大不少，同时，不需要每个企业单独购买生产这些辅助材料的设备，只需让专业生产者大量生产即可，提供给每个企业，促进成本的降低。

（2）劳动力市场规模效应。马歇尔认为，厂商会在有专业性劳动力的地区设厂，劳动力也流向需要他们的技能的地区。公司会为所在区域提供就业机会，促进区域经济发展，吸引专业劳动力，促使人才流向该地区。这种劳动力的聚集也会进一步吸引更多的企业进入当地或者在当地设立，因为它们能够不用那么费力地寻找，就能够获得大量的、符合专业化要求的劳动力。这就促进了企业的集聚。

（3）信息交流和技术扩散，也称技术溢出效应。马歇尔认为，如果企业在一个区域聚集，那么企业之间将更容易交流和传播新的想法。这些新的想法，有可能是生产流程的改进，有可能是某些产品的创新，有可能是技术的提升，也有可能是组织管理上的完善，等等。由于这些企业之间往往存在产业上的相似之处或者联系，将它们聚集起来，更有利于专业化的思维进行碰撞和合作，也有利于各个创新团队的良性竞争。创新技术能够得到更快的实验和应用，这又会鞭策企业持续创新，不能掉队。这将促进区域形成良好创新氛围，提升整体竞争力，也会进一步吸引相关企业（陈柳钦，2006）。

2. 集聚效应优势

韦伯在其著作《工业区位论》中，从成本节约的角度讨论了产业集群形成的动因。他认为一个企业增大规模能节约工厂成本，带来更高收益，若干个企业聚集在一起也能够增加收益或降低更多成本。他把集聚带来的好处视为成本的节省和收益的增加，正是成本的节约促使企业产生了集聚。他认为产业集群形成的动因具体包括了四个方面的因素。

（1）技术设备的提升，企业的生产过程中往往需要专业性设备，但不是每个企业都有必要购买专业机械，企业的集聚在某种意义上可以说是设备的相互依存。

（2）劳动力组织的发展，在一定程度上，劳动力组织也可以理解为专业化的设备，在企业集聚中相互依存。

（3）市场化因素，企业集聚促使专业市场发展，提高购买和销售的规模，降低采购成本，提高交易效率，这又促进了企业集聚。

（4）经常性开支成本，产业集群往往会促进基础设施的建设，如供水等，减少经常性开支成本。

3. 交易费用优势

罗纳德·科斯在《企业的性质》中提出了关于交易费用的概念：市场运行中存在着交易费用，是运行价格机制的成本，至少包括获取准确的市场信息费用及谈判和监督履约费用。

按照科斯的观点，市场和企业是两种不同的组织劳动分工的方式，企业组织劳动分工的交易费用低于市场，因为它作为一个整体存在，这个整体中包含了若干个生产要素和产品的所有者。一个整体去参与市场交易，能够减少交易摩擦，降低交易成本。

产业集群也可以类比企业。产业集群作为一个整体，相当于是"市场中的一个大企业"，包含了众多企业，能够减少交易摩擦，增加交易频率。同时，由于地理因素，交易的范围和对象相对稳定，彼此之间的信息传播较为便捷快速，企业不必花费大量人力物力搜寻市场信息。交易中的谈判费用，以及获取信息的费用都能够有效降低。

二、金融产业集群概述

（一）金融产业集群内涵

当今经济金融全球化趋势明显，数字化使得信息和服务的获取愈发便捷、快速，金融机构也更加体现空间集中的趋势，产业集群逐步成为金融组织的基本形式。在世界范围内，已形成三大国际金融集聚区：美国纽约、英国伦敦和日本东京。同时，新兴国家和地区的金融产业也逐步集群化。比如，在20世纪90年代，新加坡为吸引金融机构，使之大量聚集，采取了包括如税收优惠、支持境外货币业务、大力发展资本市场等一系列措施。在我国国内，北京和上海也已有金融产业集群趋势，聚集了国内优秀金融机构，形成了堪称"金融一条街"的场面。

关于金融产业集群的定义尚未进行明确的界定，相关学者对其进行了多角度的解释。本节对金融产业集群进行了总结，见表4-2。

表 4-2　金融产业集群的定义

年份	作者	定义
2005	连建辉 孙焕民 钟惠波	具有空间地理接近性、行业接近性、社会接近性的金融机构及其相关企业，通过金融资源与地域条件协调、配置、组合的时空动态变化，达到一定规模和密集程度的介于金融市场组织和金融企业的一种中间网络组织
2006	王步芳	金融产业的各种企业和机构根据纵向专业化分工及横向竞争和合作关系，大量集聚于某一特定地区而形成具有聚集经济性的产业组织
2008	程书芹 王春艳	金融机构、金融企业、金融中介机构、金融监管部门及其跨国金融机构在某地域高度集中，通过市场联系和非市场联系，形成的相互竞争、相互合作的产业群体
2010	姬国军	相互依赖性很强的金融企业、知识性产业机构、中介机构和客户通过产业链的相互作用形成的网络组织，该概念强调了社会网络、地理位置的接近、社会文化、企业间交流等
2012	李淑娟 冯妮莎	在某一特定地区内，由一系列以规模较大的金融机构为核心、中小企业围绕该核心并互动的金融服务机构，以及法律机构、中介机构、知识性产业机构等相关基础设施提供机构，通过将金融资源与地域环境、人文环境相互融合、相互影响、相互促进所集聚成的一种中间网络组织

资料来源：笔者整理

　　基于此可知，金融产业集群是一种特殊的产业空间结构，是指一国的金融监管部门、金融中介机构、跨国金融企业、国内金融企业等机构在地域上向特定区域集中，通过市场和非市场联系所形成的相互竞争、相互合作的产业群体。此外，金融产业集群、金融产业集聚、金融中心这三个概念极易混淆，但它们之间存在一定的联系。其中，金融产业集聚是金融相关机构向同一地区聚集的过程，而金融产业集群与金融中心是集聚过程所最终形成的一种产业组织形式或产业空间结构；金融产业集群是金融中心的微观基础，是一个城市实现金融建设的必经途径，也就是说金融中心强调的是一个城市，而金融产业集群强调的城市中的某个区域，二者的地域范围和影响力是不同的（李大垒，2014）。

（二）金融产业集群形成动因

　　金融产业集群是在产业集群的基础上发展的，所以一般产业集群的产生动因同样适用于金融产业，如一般产业集群竞争优势中提到的规模经济优势、集聚效应优势和交易费用优势同样是金融产业集群所追求的利益。除此以外，金融产业的自身特性也是形成产业集群的重要原因之一。

1. 金融市场的高信息依赖性

　　金融市场交易的金融产品属于一种虚拟资产，其特殊性在于它本身并没有价值，它的价值取决于其所代表的现实资产的所有权在买卖过程中的交换价值，也就是它的投资价值（李建国，2001）。金融产品的投资价值取决于资产在未来能产生的现金流，具有典型的未来性和不确定性，金融市场上的参与者对金融产品投资价值的判断主要依靠的是信息，参与者所掌握信息的及时性、全面性和准确性在很大程度上决定着金融交易的获利水平，可见金融市场存在较高的信息依赖性。根据有效市场理论，强势有效市场中的价格可以充分反映所有信息，但现实中绝大多数国家的资本市场达不到强势有效的水平，市场中总会存在信息不对称的现象，这使得追逐和掌握信息，特别是内幕信息成为金融市场参与者的强烈偏好。

信息的不对称性成为金融产业集聚发展的关键性因素。Porteous（1995）认为，大部分信息本质都是"非标准化"的，即默示信息，我们通常难以知道默示信息表达的是什么意思，其具有广阔的文化和社会背景，但是默示信息是难以完全通过电讯方式传播的，在跨空间的运输途中受距离影响较大，具有边际成本递增性，也就是说，对默示信息的掌握程度随着距离信息源距离的增加而降低，或者对默示信息的获得成本随着距离信息源距离的增加而增加。虽然目前是互联网信息化时代，但是金融地理学认为默示知识的学习需要面对面的交流，物理距离越近，信息传递的效率越高。该学科指出，金融产业的集群不仅是能够使之更便捷高效地收集使用这些信息，也能够将泛化、易表达的信息进行提取升华，使之更能反映一定的特征，更具抽象性[①]。

David（1998）研究了信息与金融地理的关系，得出以下两点结论：第一，信息的地理分布是国际金融交易的主要决定因素，信息经距离传递后可能损耗；第二，金融市场的投机行为和众多非标准化信息要求亲临现场进行勘察，这也需要考虑地理因素。

2. 金融产品的多样性

随着金融市场的逐步完善和金融服务业的快速发展，客户对金融产品的需求日益呈现出多样性的特征与趋势，如客户在存款的同时可能会进一步产生投资的意愿，如购买证券等。这在客观上对金融机构提供综合性的服务提出了要求。一般而言，金融机构集中在一起有利于相互之间加强业务联系或开展业务合作，以满足多样性的金融服务需求。

同时，随着金融市场的发展及人们投资意识的提高，出现了大量的金融衍生工具，如资本期货市场、资产证券化等。因为有了市场需求，以及不同金融机构、不同产品的合作和重新构建，这些产品得以出现。在激烈的市场竞争下，如何满足市场需求，掌握客户流向？不断加强合作，跨线提供金融服务是许多金融企业的选择。

---

① 在金融集聚地，机构的互动能产生大量信息，它们包含了经济利益，在"金融聚集地"这一地理区域内，集群中主体产生的信息能够对其他主体产生影响，这些影响有可能持续积累，金融机构的集结能在信息量倍增中获益，产生信息套利活动。

Audretsch 和 Feldman（1996）的研究表明，知识技术的外溢效应随空间距离的扩大而下降，金融产业在一个区域内集聚，利于共享知识外溢带来的经验，有利于产生创新型的、复合的产品以满足客户的多样化需求。

3. 金融产业的高流动性

一方面，与制造业相比，金融业退出原市场进入新市场的成本较少。相较于制造业公司，金融公司更容易迁移营业场所。举一个简单的例子，金融公司往往不需要迁移高度专业化的大型机器设备。这些公司面临的沉淀成本可能更多来源于营业许可费用、潜在客户的流失和声誉损失等。较低的成本，是造成金融业流动性较高的一个原因。

另一方面，金融产品的高流动性也促使金融产业集聚。Amihud 和 Mendelson（1986）提出，流动性是一定时间内完成交易所需的成本，或者以理想价格交易所需的时间。流动性越高的金融产品更容易以合理价格交易。金融产品具有高流动性，要求快速、高效的交易，在客观上便要求金融产品的交易场所聚集，或者说使金融机构缩短空间距离，从而减少信息不对称和取得信息的成本。就比如，若缺少一个集中的证券交易市场，具体的交易价格和数量将需要在一次次的对接中确定，交易成本提高，效率降低。

三、金融产业集群对区域经济增长的促进机制

众所周知，金融业的发展对经济增长有着不可忽视的影响，而金融产业集群又是金融业发展过程中一个重要的层面，它对区域经济发展的重要性引起国内外学者的重点关注。

Pandit 等（2001）研究了英国金融业服务产业集群动态，认为金融资源的流动作用促使金融集聚区的形成，促进区域经济发展。Masten 等（2008）对欧洲国家进行了研究，发现金融产业利于促进经济增长，尤其是对不太发达的国家而言，这种促进作用更为明显。

国内学者刘军等（2007）发现金融集聚能够促进区域实体经济的增长，通过金融集聚效应、辐射效应及金融功能实现。陈文锋和平瑛（2008）选用 1990～2006 年的数据对上海市展开研究，发现上海金融产业集群是区域经济增长的格兰杰原因。田晖（2015）采用因子分析法发现以深圳、广州为中心的珠三角金融圈的金融产业集群程度较高，且对区域经济增长有着明显的正向促进作用。张克雯（2018）利用协整检验和参数估计研究发现金融产业集聚与经济增长具有相互促进的作用。

由此可见，金融产业集群作为金融发展的重要组织形式，能够促进区域经济增长，为什么金融产业集群能够影响区域经济呢？如何理解这种促进机制呢？下面本节将进行详细阐述。

（一）加快资本集聚

资本是决定生产效率和生产规模的关键性因素之一，影响着区域及国家的经济增长潜力。储蓄是最大的资本来源之一，但经过金融产业的中介作用才能转换为资本。因为对一般的储蓄者来说，他们的资金量有限且对长期投资的态度较为谨慎，更多偏好灵活的短期投资，而企业等资金使用者往往需要大量的长期资金。当个人或者组织产生储蓄行为，银行系统吸收这些资金，经过风险评估和收益衡量，形成不同的储蓄方案，能够为具备不同风险收益需求的储蓄者提供相应服务，同时加速资本的周转。金融机构通过有效的途径，集中原本分散的储蓄，将之转变成企业和私人贷款，再将企业和私人贷款转化为投资，形成资本流动的状态。当不同金融机构汇聚在一起，形成金融产业集群时，储蓄转化成投资的速度将得到提高，转化率也将提升，促进区域内资本流动速率，更有利于高效地把资金分配到合理的位置，形成高效的资本形成机制并让资本得到充分利用，有效推动整个区域的经济发展。

（二）有效管理风险

金融风险是金融产业经营中所不可避免的一部分，承担风险，才能获取收益，但若风险承担不当不仅会危害金融机构自身发展，在一定情况下还会危及整个金融市场甚至全球的金融经济发展，2008 年的全球金融危机便是最为典型的案例。因此，金融风险的管控对国民经济的发展是至关重要的。金融产业集群是大量具有各种金融功能的金融机构集聚在一起所形成的，但它们的风险并不是各金融机构风险的简单加总，因为集群中金融机构频繁的交易活动和便捷的信息传递，能够促使其发现不同类型的潜在财务风险，这使得对整个集群的金融风险判断和分析更加精确，并在有效风险管理的基础上，以最科学的方式促进金融产业集群的良性发展，建立强大的风险防范和控制机制，从而规避和化解金融产业集群中可能存在的风险。

此外，金融产业集群的形成需要良好的信用环境，集群的发展也促进区域金融信用的健全（连建辉等，2005）。在集群中，往往会形成更紧密的社会关系。交易双方或者多方之间往往会有长期合作，彼此的信用状况更为明晰，这在一定程度上也约束了违约行为。

（三）促进区域金融创新

大力发展金融创新是提高金融服务实体经济的有效手段，是促进实体经济转型升级的重要举措，金融产业集群作为一种重要的金融组织形式，对提高区域金融创新优势发挥着重要作用。

首先，金融集聚区域内存在着大量竞争对手，强大的竞争压力将促使企业进一步增强产品开发，提升服务质量和产品质量，加强管理、高效运作，推动创新。其次，金融创新可以说是金融领域知识的创造、传播和共享，金融组织聚集，为知识和技术的创新与传播创造了非常有利的环境，集群中包含了大量的机构，金融机构、实业企业、科研单位等能够起到互促共进的作用，无论是地域上的便利还是交易合作的紧密，都促进了机构间的技术知识外溢，在竞争中存在合作共享，形成区域创新系统。

（四）升级劳动力水平

人力是重要的资本，一个地区较高的劳动力水平意味着较高的劳动生产率，特别是在知识专业性要求较高的领域，专业型人才起到关键作用。金融产业作为一个知识密集型和技术密集型行业，对人力资本的供给尤为重视，金融产业集聚也是人力资本的集聚。金融业需要大量的专业型人才，而金融业发达的地区往往经济运转也较为高效，地区的发展促使人才进一步聚集，人才质量进一步提高；这又将进一步形成竞争和创新氛围，促进地区经济水平提升。此外，发达的地区往往具有较高的教育水平，在培养人才的同时，也将吸收更多的学子，而这些学子在完成高等教育后，有很大可能性在该发达地区扎根、工作，这就又促进了当地的进一步发展。

第三节　区域性金融集团建设构想

一、区域性金融集团建设背景与意义

改革开放四十多年来，我国的主要矛盾已由人民日益增长的物质文化需要同落后的社会生产之间的矛盾转化为人民日益增长的美好生活需要和不平衡不充分的发展之间的矛盾，其中区域发展的不平衡不充分是目前主要矛盾在发展空间布局方面的具体体现。

受地理位置和自然资源的限制，在改革开放初期，我国区域经济政策将重点放在东部沿海地区，虽在促进国民经济发展的过程中发挥着不容小觑的作用，但同时也使得区域差距日益显现，阻碍了我国经济的全面发展。为了减少区域差距，我国采取了西部大开发、振兴东北老工业基地、促进中部地区崛起等措施，但该现状仍未得到全面改善，区域发展不平衡仍是国民经济发展在当前亟须解决的重要问题[①]。

---

① 国家统计局数据显示，东部、中部、西部、东北区域的地区生产总值在 1978 年分别为 1514 亿元、750 亿元、726 亿元和 486 亿元，2017 年时分别增加到了 449 681 亿元、179 412 亿元、170 955 亿元和 55 431 亿元，而东部占比由 43.56%增长为 52.56%。

金融作为现代经济的血液，是解决区域经济发展不平衡问题的关键性因素。不同地区的经济环境及经济状况不同，需要的配套金融服务也有所差异。通常来说，区域性的金融机构对当地经济情况更为了解，是服务地方实体经济的主力军。所以，结合区域性的经济发展战略，有针对地分析、解决区域金融机构发展问题，创新性地进行区域性金融改革，提高地方金融机构服务区域实体经济发展能力，将有助于解决区域经济发展问题，进而有效缓解地区金融发展不平衡现状。

结合金融集团和金融产业集群这两种金融机构组织形式，本书为区域性金融改革提供了新方向——建立区域性金融集团，提高地方金融机构服务区域实体经济的能力。依据本章前两节的介绍，金融集团与金融产业集群最大的共同点是将商业银行、证券公司、保险公司、信托公司、租赁公司等金融机构通过某种方式建立合作关系，获取规模经济、范围经济和协同效应，最大化地发挥金融服务实体经济的功能。同时，金融集团与金融产业集群也存在明显的不同点。一方面，金融集团是通过股权方式将不同金融机构联系起来的，作为一种正式的组织结构，集团的母公司将发挥其统筹协调的战略功能，能最大化地挖掘不同子公司之间的合作潜能、最大化地收集共享各子公司的客户信息、最大化地整合集团的研发力量和研发优势，同时也能兼顾集团的整体运营和风险调控，将"合作共赢"发挥到极致。母公司的战略统筹性在金融产业集群中的体现则相对较弱，不同金融机构可能并不能发现相互之间的合作机会，资源信息的共享意识也相对不足。但另一方面，金融产业集群的一大特色是不同金融机构在地理位置上的集聚，这将对提高某一区域的金融服务能力提供便捷，进而推动区域经济发展。

区域性金融集团旨在综合金融集团与金融产业集群的优势，以地方性商业银行、证券公司、保险公司、信托公司、租赁公司等金融机构为依托建立金融集团。发展区域性金融集团的意义可以概括为以下几点。

首先，区域性金融集团能充分整合和利用地方金融资源，促使整个地方金融体系的良好运转。绝大多数区域都包含多个地方性的金融机构，但在经济全球化趋势不断加强的今天，地方性金融机构相对于国际及国内大型金融企业来说规模较小、业务种类较单调，难以满足客户日益增长的多样化需求。通过组建区域性金融集团，以资本为纽带将各个孤立的金融机构整合为母子公司，变外部竞争为内部合作，与区域内的其他金融机构一同形成良好的竞争态势。

其次，区域性金融集团能够针对区域实体经济的现状，在金融上提供多方面的支持，为区域产业发展的投融资创造便捷高效的金融环境。虽然全国性的金融机构与金融集团金融服务能力较强，但它们对某一区域的产业发展并不完全熟悉，特别是对区域经济发展中需要重点扶持的中小型企业来说，很难获得大型金融机构的服务。区域性金融集团的建设有助于针对区域特色经济与特色产业提供相应的金融服务，因地制宜，有针对性地促成区域内其他产业进步，有利于区域经济协调发展。

最后，区域性金融集团凭借母公司的战略协调与管理，为控股子公司业务的拓展、客户资源的共享、金融产品的创新奠定组织制度基础，从而实现规模效应、范围经济及协同效应，从整体上增强地方金融机构的竞争力水平。它能够带来投资繁荣、工业扩张，促进贸易集中在该地区，提高该地区竞争力、地位和受欢迎程度，实现经济发展的良性循环。

二、区域性金融集团建设建议

从理论背景与建设意义的角度出发，区域性金融集团对地方深化金融改革、提高金融服务实体经济质量具有深远意义，但其本身是一种较为复杂的企业组织模式，能否有效发挥功效仍取决于其对组建设计、发展目标、管控模式等方面的选择或态度。

（一）区域性金融集团组建设计

1. 组建原则

关于区域性金融集团的组建原则建议选择坚持"政府主导、市场化运作"。当地金融市场的重建关系到各种金融机构的自身利益，一方面需要大量资本；另一方面需要协调纠纷，充分考虑围绕个体利益出现争论的可能性。选择政府主导的方式，可以大幅缩短整合周期，在政府的支持下节约内部交易成本，从而保证公平和效率的齐头并进。但是，在组建完成后，区域性金融集团的日常运营应坚持市场化运作的原则，尽可能地从专业性的角度提供金融服务，实现有效的资源配置。

2. 组建模式

关于区域性金融集团的组建模式选择在本章第一节有所涉及，包括全能银行和金融控股公司两大类，其中金融控股公司可分为纯粹型金融控股公司和经营型金融控股公司，区别在于母公司能否直接参与业务经营。

不同的组建模式本身并没有优劣之分，但结合我国实际情况分析，目前的金融法律仍为分业经营制度，所以商业银行兼营其他金融业务的全能银行模式与法律制度有所冲突。若选择建立经营型金融控股公司，由于地方政府最大的金融资产通常集中于本地商业银行，所以通常以商业银行为母公司。然而，商业银行又受《中华人民共和国商业银行法》的规定限制，不能向非银行金融企业投资，所以从法律角度来讲，纯粹型金融控股公司应为较合适的区域性金融集团的组建模式。

3. 组建途径

建设区域性金融集团是综合金融集团优势和金融产业集群优势的战略决策，所以，金融集团和金融产业集群可以作为区域性金融集团的组建途径。对于具有发展较为成熟的规模性金融产业集群的部分地区来说，产业集群中各金融机构之间形成了生产性服务网络，对提高地方金融市场流动性和服务效率具有显著功效，区域性金融集团可将现有的地方性金融产业集群作为构建区域性金融集团的途径之一。对于具有小型规模金融集团的部分地区而言，可在现有金融集团的基础上重新通过兼并收购、股权转换等方式将地方性金融机构进行整合，组成区域性的金融集团。

（二）区域性金融集团发展目标

区域性金融集团发展的首要目标是为区域性实体经济提供高质量、高效率的金融服务。从战略角度出发，区域性金融集团母公司应凭借资本集聚优势，最大化吸收区域内证券、保险、信托、私募、期货期权等金融资源，完善金融集团的服务多元化，在最佳防火墙系统的框架内定义子公司的共同业务，积极支持整合信息平台、营销平台、客户服务平台等的构建，并最大限度地利用集团的协同效果。

从经营角度出发，区域性金融集团前期的经营目标以发展地区经济为重点，把握区域产业发展需求的投资方向，与国家政策相联系，积极参与国家经济、民生相关核心领域，提供财务支持，配合本地发展规划的实践和战略目标的实现。特别是中小型企业、科技创新企业等具有筹资瓶颈的企业，区域性金融集团可采取建立产业基金的方式，最大限度地利用公司的示范及促进投资效果，向相关产业吸引社会基金，有针对性地对所扶持产业提供种子期、初创期、发展期、成熟期不同阶段所需金融服务，形成产业链式的发展业务。当然，在区域性金融集团发展较为成熟的阶段，可考虑跨区域的不同金融集团的合作以扩大业务范围，提升战略地位。

（三）区域性金融集团管控模式

1. 内部风险控制

与地方性单个金融机构相比，区域性金融集团在提高企业规模效应、范围经济和协同效应等方面具有明显优势。但是复杂的组织结构和内部关系，以及区域金融集团多元化的商业特性同时也会带来特殊的风险，如资本充足率不足、风险传递、利益冲突、关联交易等。所以，区域性金融集团在充分发挥集团优势的同时，应提高自身的风险防范意识，设立专门的风险管理部门，有效识别控制集团风险。

首先，有效的信息披露制度是风险控制的基础。监管部门应该加强区域金融集团的信息公开及透明度评估。第一，金融控股公司需定期向监管机构报告关联交易，特别是关于大额关联交易的信息，在公司治理方面，及时汇报和披露重要结构变动；第二，各子公司虽属于一个集团，但又作为个体存在，也需要加强独立的内部管理，严格进行内部核查，整个集团内部的信息也需要规范传递；第三，加强整体信息披露，加强对资本充足率的关注，及时披露资本结构及风险与资本匹配状况，对可能的风险传递和利益冲突提高警惕。

其次，设立"防火墙"制度是防范风险传递的有效途径。借鉴美国、日本等国的有益经验，我国区域性金融集团可从法人分离和业务限制两个角度出发建立"防火墙"制度。该制度意在实现风险的隔离，限制金融母公司和子公司之间或者子公司之间的业务往来，防止风险从一个公司传染到另一个公司，造成整个集团的风险失控。对于法人分离，在"集团混业、经营分业"的原则下，各子公司均为独立法人。母公司承担着"领导者"和"管理者"的作用，而子公司则承担实际的金融业务，独立经营，这种情况下，即使某个子公司出现营业亏损或破产，也不会对其他子公司产生严重影响。关于业务限制方面，主要是控制子公司之间的内部交易，如内部子公司的关联交易，为躲避监管转移风险或转移利润、相互担保抵押等。但是，也不能一刀切，禁止一切内部交易发生。因此规定，需要在市场条件下进行合理的内部交易，且交易的数量不能超过一定范围，以防止内部交易风险的积聚。

最后，科学的公司治理结构是内部控制的重要保障。区域性金融集团往往是由当地金融机构重整而成，而这些机构往往受到地方政府控制，这样形成的金融集团很有可能受到过多行政干预，这将不利于区域性金融集团的市场化运作。同时地方政府一股独大会造成集团股东大会的虚置，导致单方意见决定所有股东意见，极易出现决策失误的情况。监管方面，地方政府自身既是股东又是监管者，"自我监管"的方式往往会造成职责不清与暗箱操作，加大了公司的运营风险。所以，建立健全科学的公司治理结构对加强内部风险控制尤为重要，在第五章中本书会重点介绍相关内容。

2. 外部金融监管

有效的风险防范离不开有效的外部金融监管，虽然纯粹型的地方性金融集团本身不直接从事银行、证券、保险等金融业务，但其通过资产联系、人事安排、经营战略等多种渠道，影响着旗下各金融机构子公司，所以地方性金融集团理应接受金融监管。考虑到区域性金融集团是地方政府组建成立并主要为地方经济提供服务，所以，地方政府有义务为其经营风险承担成本，对区域性金融集团进行监管的责任应在中央监管当局和地方政府之间进行合理的分配，至于分配的方式和比例问题则是需要进一步讨论的问题。

　　我国目前的金融监管仍实行分业经营、分业监管的体制，不同的地方金融机构分别由各地的银监局、保监局和证监局来实施监管，当成立区域性金融集团后，会出现多个部门都有权监管或多个部门都无权监管区域性金融集团某经营业务的情况，造成监管重复、监管空白、监管效率低下等问题。为适应金融机构多元化趋势，我国的金融监管模式需要改善。

　　巴塞尔银行监管委员会 2012 年颁布的《金融集团监管原则》值得借鉴，其监管框架和指导性意见已较为成熟完善，但注意不能照搬，需要结合我国各地的实际情况进行调整：首先，建立中国银行保险监督管理委员会、证监会等监管金融集团各子公司，同时有必要从法律角度确定一个专门的监管部门负责金融集团的监管，主要负责明确金融集团的设立条件、业务范围，规范内部关联交易，注意风险集中度及资本充足性等。对于集团母公司和子公司的治理结构，也应进行强有力的监管。其次，除确立专门的金融监管部门外，还必须注重信息共享，使得各监管部门协同发挥作用，有效检测资本重复计算问题。最后，地方政府要积极响应中央政策，因地制宜，建设金融企业，完善行业自律系统。

第五章 区域性金融服务集团公司治理问题

本书所构想的区域性金融集团旨在综合金融集团与金融产业集群的优势，以地方性商业银行、证券公司、保险公司、信托公司、租赁公司等金融机构为依托进行建立，具有充分整合利用地方金融资源、提高服务实体经济能力并实现规模效益的重要意义。有效的公司治理不仅能改善企业绩效并提高投资者信赖度，还能够降低代理成本，保护利益相关者的利益。首先，本章依据区域性金融集团的两大构建理念出发，分别探讨了金融集团治理与金融产业集群发展状况与问题；其次，结合区域性金融集团的多层级管理体制与高金融风险特征，从内部和外部两方面提出区域性金融集团的公司治理建议。

第一节 金融集团公司治理特殊性分析

一、金融集团公司治理理论

19 世纪 70 年代末期美国学者 Williamson 提出了"治理结构"，20 世纪 80 年代初期 Fama 和 Jensen 又对公司所有权与经营权的分离展开了一系列研究，公司治理的相关问题随之开始持续受到海内外业界与学术界的关注。就公司治理理论而言，主要存在股东至上理论与利益相关者理论两种治理理念。

股东至上理论是建立在委托代理理论基础上的一种公司治理理论，认为股东是公司的唯一所有者，股东投入的资本形成公司财产，但股东只有在其他利益相关者都实现了收益后才能享受自身的收益，即认为股东承担了公司的剩余风险，因此，股东对自身产权拥有包括使用、处置、转让在内的权力。管理者则主要是服务于股东的，公司治理的目的也是股东利益最大化。股东也随之享有公司的剩余所有权与直接控制权。

股东至上理论的主要支持者格罗斯曼与哈特认为"在一个投资组合中，资产发挥作用离不开自身人力资本，就可以由此人拥有该项资产组合的剩余控制权"，因此，认为股东应该享受剩余收益。利兰与派尔尽管承认利益相关者理论的合理性，但坚持认为股东应该是剩余权益的掌握者。

20 世纪 80 年代以前，股东主权至上和私人财产神圣不可侵犯是市场经济的黄金定律。股东至上理论的优越性体现在：可以较好地防止内部人控制，因为股东在所有利益相关者中，能够最为积极地去对经理人行为进行监督，这也就使得剩余控制权有更高的效力。

但股东至上理论也存在一定的缺陷，即忽略了同样具有主动性的人力资本的重要性。

从 20 世纪 90 年代开始，股东至上理论逐渐受到利益相关者理论的挑战。利益相关者理论认为除了股东，公司的管理者、债权人、供应商、职工、客户等其他的利益相关者都与公司密切相关，因此公司的经营决策者也应该综合考虑各方利益相关者的利益并主动接受他们的监督。基于此，公司治理也应由崇尚股东至上的股东单边治理演变为由各方利益相关者合作的共同治理。

较股东至上理论而言，利益相关者理论的优越性主要有两方面，一是该理论实现了股东与其他利益相关者间的利益诉求的均衡。通过将公司的剩余所有权与控制权在所有参与者间进行配置，能够更好地激发各方的参与热情，且经理人以资产托管人的身份不再仅对股东价值而是对公司所有财产价值进行了维护。二是该理论也强调了公司权利与义务的对等性，为其提升社会责任表现奠定了相关的理论基础。但是，利益相关者理论也存在一定缺陷，由于该理论要将各方利益相关者都纳入公司治理框架中，这将在一定程度上增加治理的实际操作难度且会影响公司的经营效率，同时在追求目标均衡的过程中也难以为公司发展提供较为清晰明确的目标方向。

公司治理是为解决公司经营权与所有权分离后的委托代理问题而产生的，李维安在结合已有研究的基础上也进一步指出，公司治理是通过包括正式和非正式的、内部和外部的制度或机制来协调公司与所有公司利益相关者之间的关系，从而确保公司决策是科学的，最终维护公司各方面利益的一种机制与制度。当公司内部的委托代理机制积极有效时，公司才能实现较好的可持续发展，因此可以将公司治理问题落实到公司的持续发展上。基于已有的股东至上理论与利益相关者理论及各自的利弊情况，具体到金融集团的公司治理，应该在这两种理论中有所取舍。金融集团的治理结构不仅要维持多方利益相关者的信心以保证长期发展，还应避免集团出现控制权分散、评价体系混乱等问题，进而降低金融集团整体的竞争性。因此，金融集团进行治理时要分别针对母公司与子公司层面，要注重母子公司各自的法律独立性，也要注重经营战略的协同一致性。也就是说，在集团层面要尽可能保障主要利益相关者的利益诉求，在子公司层面则也要保障自身的效率，进而实现整个金融集团的协同效应最大化。

二、金融集团治理结构的特殊性

金融机构的公司治理问题尤为重要。金融集团作为一种复杂的利益集合体，既区别于一般金融机构又区别于普通公司，因此，其在治理上受到多方面影响且具有一定的特殊性，具体包括治理结构与治理边界、股权结构、董事会、协同性与关联交易、风险性等方面。

（一）治理结构与治理边界

普通公司的公司治理核心是自然人，而金融集团的治理核心主要是法人，且金融集团的治理结构区别于普通公司，较单一法人公司而言，金融集团的公司治理包括母公司和子公司治理，母公司作为子公司的股东，会控制和影响子公司的董事会，即金融集团母公司和子公司之间的边界有时需要"跨越"，母公司治理可能需要子公司提供信息；同时，为了避免出现经营决策干预过度，或因缺乏沟通影响决策的现象，也需要注意二者的决策范围界限。

总体来看，金融集团的委托代理风险具有多重性的特征，委托代理关系一方面与普通公司相似，存在于股东与集团母公司经理人之间；另一方面则存在于母公司和子公司之间。

内部人控制主要是指：经营者掌握着公司权力，他们有可能做出损害股东及其他利益相关者的利益的行为，而股东也难以有效监督其行为。金融集团内部很可能存在广义程度上的内部人控制风险。这是因为，母公司和子公司间并不存在清晰明确的权力边界，母公司作为股东能够对子公司进行控制，例如能够兼任子公司的高管或通过控制子公司董事会来影响管理层的任命。而这种控制一旦过度，影响到子公司的利益时，就给子公司带来了风险：子公司的决策自主性将会受到影响，子公司的中小股东权益也得不到有效保护，进而导致一定的利益冲突。为避免此类内部人控制问题，母公司通常会对子公司进行授权管理，这样能够激发子公司的积极性，但金融集团内部结构层级较为复杂，多重委托代理风险下的严重信息不对称现象很容易引发授权过度的问题，当母公司和子公司间发生利益矛盾时，子公司在经营活动中很可能出现逆向选择与道德风险问题，这都会对子公司、母公司乃至整个金融集团造成风险隐患的积累。此外，金融集团内部具有复杂的治理结构，也容易使各类利益相关者难以分析辨别不同法人的权责与授权关系，同时内部协调难度也会有所加大，整体信息会存在失真风险，风险防控机制的有效性也会削弱。

（二）股权结构

股权结构是指公司中不同所有者、不同性质的股份占总股本的比例及其相互关系，是公司治理结构的重要基础与核心内容。股权结构不同，就决定了企业组织结构和治理结构的差异，最终决定了企业的具体行为与绩效。此外，在很大程度上，股权结构会受到公司外部治理机制的影响，也会反过来对外部治理机制产生作用。

　　根据不同的股权集中度，金融集团的股权结构可以进行分类，具体为：股权高度集中、股权相对集中、股权高度分散三种类型。股权高度集中主要是指金融集团中拥有一个持股比例超过 50%的绝对控股股东，其对集团拥有绝对的控制权，有助于推动股东与经理人的利益趋同，从而降低一定的代理成本，但是小股东获取信息进行监督的成本却远大于收益，因此，会缺乏一定的监管积极性。股权相对集中是指金融集团中存在两个或两个以上的大股东，但是都不具有完全控制集团的能力，整体呈现出相对控股的状态，在此类型下，绝对控股状态下常见的关联交易可以得到控制，且大股东之间具有很强的相互监督积极性。股权高度分散是指金融集团中没有持股比例很大的股东，每个股东都没有直接控制和管理集团的能力，股权较为分散。

　　从上述根据股权集中度进行分类的三种股权结构来看，金融集团母公司股权集中度越高，越容易利用自己的权力优势去采取牺牲小股东利益以谋求自身利益的行为，即小股东权益越不容易得到保护，与此同时，小股东对金融集团的监督积极性也会随着大股东控制权的增强而逐渐减弱，这都会造成金融集团内部的风险积累。此外，母公司是整个金融集团的经营战略重心，母公司对子公司的控制程度越高，越容易对其重要战略进行监督与实施，从而也能有效降低所有权与经营权分离带来的代理成本。因此，金融集团母公司应该对子公司持有较高比例的股权份额，但是也应合理地平衡子公司中小股东与债权人的利益诉求。就股权相对集中这一类型而言，其有利于金融集团监督主体的多元化与防止内部人控制，能够在一定程度上降低所有者与经营者间的信息不对称，从而有效完善股东的控制权与管理权，同时也能避免出现一股独大的局面，保证了各大股东之间形成积极高效的监管动力以对经理人形成有力的约束，有利于有效约束监督机制的形成，进而提升风险防范能力。综合来看，在三种股权结构的选择中，金融集团应在母公司中采取股权相对集中的股权结构，而在子公司中采取股权高度集中的股权结构。

（三）董事会

　　董事会是由股东大会这一权力机关选举的董事组成的，负责公司业务经营活动的指挥与管理，并对公司股东大会负责。

　　金融集团本身就是一个战略意识的主体，需要考虑多个经济体间的运作关系，即现有与未来产业的组合及相互之间的承接、转移等，且对于金融集团整体来说，集团战略更是实现综合效益优化的前提基础。就公司治理而言，董事会是公司治理的核心，母公司是整个集团的战略规划与战略实施监督中心，而董事会是公司经营发展战略的制定者与决策者，因此在公司治理中发挥着重要的作用。同时，为保证集团有效的统一发展，子公司也应认可并服从集团整体战略，而子公司的董事会则承担了传导与监督双重的责任，监督金融集团战略在子公司层面的传导与实施。综合来看，金融集团董事会在董事资质、独立性、信息交流方面存在着特性。

从董事会资质来看，金融集团是一个多种业务集合体，集团内部具有庞大的资产规模，董事会作为集团决策监督的主要相关者，面临着杠杆率高、风险率高、传染性高的繁杂业务，因此，金融集团母子公司董事会也被提出具有高资质、专业技能与履职经验的任职要求。

从董事会独立性来看，金融集团通常会存在股权结构单一的问题，缺乏独立性难以保护中小股东利益。为使得董事会能够充分有效地发挥作用，应保证董事会的公正公平性与独立性，这在一定程度上表现为董事会监督主观性的强弱水平，从而进一步决定金融集团整体风险控制的强弱。只有董事会足够独立且能够公正地行使自身的监督权时，整个金融集团对风险的控制才越为积极有效。董事会中的董事多为大股东指定，董事会的独立性主要表现为董事的独立性，而当前金融集团尤其是未上市的金融集团常表现为独立董事席位不足，且存在的一股独大现象也会带来内部人控制问题，从而降低其独立性。一般认为外部董事独立性较强，因此，在组建董事会的过程中会对选聘外部董事进行考虑，但外部董事的数量适宜性仍需进行科学合理的考量。另外，对于金融集团中的子公司，只有母公司管理层能够控制子公司的董事会，才能有利于组织结构与集团决策流程的优化，进而保证整体战略的有效实施与监督。

从董事会信息传递沟通来看，金融集团的组织结构更为复杂，基于母子公司多层级治理结构的委托代理链条加长，很容易导致集团纵向管理过程中信息传递出现障碍，即传递信息的缺失或传递信息的过度，从而降低整个集团的治理效率，不利于整体的战略统一与实施。

（四）协同性与关联交易

金融集团作为一个整体，不同子公司的业务较一般集团具有更强的关联性与交叉性，要想实现有效的可持续发展，必须注意基于系统性的不同组成部分的协同发展，如在资金、客户、信息等方面进行协同合作。协同发展是金融集团经营过程中的一大优势，但同时也会带来关联交易和利益冲突的问题，易于发生不公平结果。金融集团的关联交易存在于母子公司或子公司之间，常涉及子公司间的贷款、抵押、担保、承诺行为[①]。

金融集团进行关联交易具有重要意义，不能全盘否定，因为各成员可以有效

---

① 也包括为规避监管进行的利润转移，集团内部商品与资金的相互转移，以及统一后台管理与服务、共享标志与品牌、流动性集中管理等。

发挥规模与协同效应，对内部资产负债进行有效管理，从而实现利润的增加，但过度与不正当的关联交易通常会造成风险的集聚与传播，在一定程度上影响集团整体的正常经营管理。

一方面，为增加集团内部盈利或降低亏损，集团母子公司可通过采取转移利润和资产、占用资金、连环担保、非正常价格交易等不正当的关联交易行为将风险对客户进行转嫁，从而对投资者的权益进行侵害，同时母子公司通过共享信息等违规行为实现内幕交易也会对消费者的利益造成损害。由于金融集团不同的子公司间通常涉及不同的金融业务，而关联交易不仅连接母子公司间、子公司间的权益，也可能造成风险传染，相互影响经营状况，若一家子公司陷入资金链断裂等财务困境时就会造成关联方的财务危机，从而导致金融集团内部风险的快速传播。另一方面，由于金融集团母公司和子公司分别为独立的法人机构，且具有不同的业务范围，各组成单位拥有不同的目标、功能与结构，进行关联交易就可能会造成不同的利益冲突。

（五）风险特殊且传染性强

金融行业通常表现出高杠杆的属性，因此监管部门设置了最低资本充足要求，要求资本金的充裕，降低高杠杆风险，维护稳定。金融行业是高风险集聚的领域，金融集团作为包含不同母子公司的整合体，风险性尤为突出。就资本规模的计算问题而言，金融集团存在着重复计算现象，这会造成实际资本不足却表现出符合监管部门明文要求的资本规模现象，从而埋下潜在的高财务杠杆风险隐患，具体的影响机制与表现存在两方面。

一是多重财务杠杆，当金融集团通过债务或股权等外部融资方式筹集到资金后，母公司会把资金分拨给下属子公司，而母公司和子公司的财务报告都会对该笔资金进行记录，从而造成资本的多重计算，即对外表现为多重财务杠杆。

二是内部资本市场，金融集团为实现内部资本的流通与配置，降低交易成本，通过内部资本市场将多条现金流量渠道进行集中。但这也有可能造成资本的重复计算，虚增资本放大财务杠杆，从而大幅度削弱集团整体的偿付能力，或者说实际的偿付水平远低于表面。重复计算导致信息失真，从而容易引发虚假出资和抽逃出资等违法行为。

部分金融集团在一定程度上也是进行脱实向虚的主要载体。近年来，金融与房地产业收益率明显较高，部分实业集团试图进入金融行业，如设立金控平台，对金融业务进行掌控与转型。但较多产业资本设立的金融集团盲目追求规模的扩张，并通过投机等行为获取高额收益，缺乏专业且科学有效的运作与管理，从而导致实体企业忽视或偏离自身主业并出现过度金融化的乱象，造成资本脱实向虚风险的加剧。防止脱实向虚被写入政府工作报告，也对金融业有效面对该挑战提出了要求。

此外，金融机构为实现高收益也会投资设立金融集团，通过交叉嵌套及结构复杂的创新工具来加长融资链条并加大财务杠杆，同时利用子公司间的内部交易来降低空转套利、关联套利的成本，从而完成资金在内部的自主循环与实现，集聚跨产品、跨市场、跨行业的风险，在一定程度上对整个金融体系的风险防范性有所削弱。

除上述的高杠杆、资本重复计算及脱实向虚风险外，金融集团作为子公司众多且金融业务繁杂的机构，较单一金融机构而言更具有风险传染性强这一特性。金融风险通常会通过金融机构、金融市场及机构与市场间交叉传播，当金融集团的风险积聚到某一程度后很容易在大范围内进行蔓延并持续演变为金融风险。一方面，受流动性约束机制的影响，当某一子公司陷入财务困境而无法实现正常生产经营时，集团内部母公司与其他子公司受到相关债权债务等影响会出现风险在集团内部大规模传染的现象，集团整体的流动性就会受到影响，从而增大经营损失与破产的风险。金融集团通常存在资本期限错配、资产流动性差等问题，且随时面临融资成本增加、金融资产市场价格下跌的情况，这都会增加集团资产变现的难度，从而加大财务困境风险。另一方面，投资者对金融集团的整体运营情况存在心理预期机制，当某一子公司具有经营风险与财务风险时，投资者就会降低对其他子公司财务状况的心理预期，从而加快风险在金融集团内部的扩散。若投资者的恶性心理预期在市场中造成非理性传染时，就会造成市场上的信心危机并通过"羊群效应"进行更大程度上的放大，进而发生各类赎回、资产抛售等现象，在整个金融体系中爆发较为严重的金融风险。

第二节　国外金融集团公司治理案例——花旗集团

一、花旗集团介绍

花旗集团（Citigroup Inc.，以 Citi 为商标）总部位于美国纽约市，于 1998 年由花旗公司及旅行家集团合并而成，并于同期换牌上市，现为世界上最大的银行及金融机构之一。

上市后，集团运用增发、收购、定向股权置换等方式扩大规模，并对收购的企业进行花旗式战略输出和全球化业务整合。在 2017 年 6 月 7 日发布的《财富》美国 500 强排行榜中排名第 30 位[①]。2018 年 7 月 19 日位列《财富》世界 500 强

---

① 花旗集团. https://baike.baidu.com/item/%E8%8A%B1%E6%97%97%E9%9B%86%E5%9B%A2/521383[2021-03-27].

排行榜第 76 位[①]。

（一）历史进程

花旗集团是当今世界资产规模最大、利润最多、全球连锁性最高、业务门类最齐全的金融服务集团，旗下包括商业银行、投资银行、保险、共同基金、证券交易等。

花旗集团的历史进程主要经历了花旗银行、花旗公司、花旗集团的转变，具体发展大事记参见表 5-1。

表 5-1　花旗集团发展大事记

19 世纪		20 世纪		21 世纪	
1812 年	在纽约成立纽约城市银行（City Bank of New York）	1914 年	在阿根廷设立办事处，成为首家在外国设立分行的银行	2006 年	收购 BancoUno 第一金融集团、Grupo Cuscatlan 集团
		1929 年	加快银行兼并，成为全世界最大的商业银行		
1894 年	成为美国最大的银行	1955 年	由纽约花旗银行和纽约第一国民银行合并而成纽约第一花旗银行	2007 年	中国内地分行转移至在当地注册成立的花旗银行（中国）有限公司
		1956 年	在商业贷款部安装首台计算机	2008 年	分三次获政府注资 450 亿美元
1897 年	在美国首家设立外国业务部，并开始外币交易业务	1968 年	成立银行控股母公司，走上多元化经营道路	2009 年	大量不良资产剥离，偿还 200 亿美元贷款，脱离政府的监管
		1985 年	在纽约开办"直接连入"服务，将客户私人计算机与其相连	—	—

1812 年，纽约城市银行在美国成立，它是贸易融资的先驱，也是纽约花旗银行的前身。1955 年，纽约花旗银行与纽约第一国民银行合并，合并后改名为纽约第一花旗银行。1865 年纽约城市银行取得国民银行执照后改名为纽约花旗银行。1962 年改为第一花旗银行，1976 年 3 月 1 日改为花旗银行。

美国银行法对银行与证券业务之间的分业管理进行了严格的规定[②]。基于当时的法律背景，花旗银行于 1968 年采取了成立银行控股公司的战略决策，以该公司作为花旗银行的母公司。同时，花旗银行将自己的股票换成其控股公司即花旗公

---

① 2018 世界 500 强发布：沃尔玛居首 3 家中国公司进前五. http://finance.sina.com.cn/stock/usstock/c/2018-07-19/doc-ihfnsvzc0314436.shtml[2021-03-27].

② 商业银行不能进行股票的买卖和经营非银行业务，也限制分支行的开设。

司的股票，花旗银行的资产占花旗公司的99%①。

花旗公司下有13个子公司，提供多种金融服务。1984年，花旗公司成为美国最大的单一银行控股公司。1998年4月6日，花旗公司与旅行者集团宣布合并为"花旗集团"②。

（二）业务范围

花旗集团在全球范围内开展金融业务，从地区来看可主要分为北美洲、拉丁美洲、亚洲、欧洲、中东和非洲等地区。

根据东方财富网统计，截至2018年第三季度，花旗集团各地区的主要营收情况可见表5-2。

表 5-2　花旗集团 2018 年前三季度分地区营收情况

地区分类	金额/亿美元	占比
北美洲	253.90	45.56%
拉丁美洲	78.25	14.04%
亚洲	117.60	21.10%
欧洲、中东和非洲	91.37	16.40%
公司/其他	16.13	2.89%
合计	557.30	100%

资料来源：东方财富网
注：本表中数据根据原始数据经四舍五入修约得到

花旗集团的业务主要分为消费者业务与机构业务两大类，其中，消费者业务主要包括信用卡服务、零售银行服务、商业银行服务三类，机构业务包括资本市场起源业务、企业与投资银行业务、市场与证券服务业务、私人银行业务、资金与贸易解决方案业务。

---

① 20世纪70年代花旗银行的资产一直占花旗公司资产的95%以上，80年代以后有所下降，但也约为85%。

② 花旗集团. https://baike.baidu.com/item/%E8%8A%B1%E6%97%97%E9%9B%86%E5%9B%A2/521383[2021-03-27].

旅行者集团的前身是一家生命与财产保险公司，之后，通过收购投资银行史密斯·邦尼（Smith Barney）公司，涉足投资银行、商业信贷等业务。1997年底，集团又兼并了美国著名的投资银行所罗门兄弟公司，成立了所罗门美邦公司。花旗公司与旅行者集团宣布合并后，总资产达7000亿美元，净收入为500亿美元，在100个国家有1亿名客户，信用卡发行量约6000万张。

在信用卡业务方面，花旗全球消费者银行是全球领先的数字银行之一，在全球 19 个市场拥有超过 1 亿名客户。花旗集团作为全球最大的信用卡发行商，拥有超过 1.42 亿个账户，年度购买销售额达 4990 亿美元，花旗品牌和花旗零售服务平均应收账款达 1540 亿美元。花旗集团品牌 Citi 品牌卡是花旗全球消费者银行的重要增长引擎，为消费者和小型企业提供支付和信贷解决方案，在全球拥有 5600 万个账户。2017 年，该业务产生的年度采购销售额为 4180 亿美元，平均贷款组合为 1080 亿美元。

在零售银行业务方面，花旗集团通过其基于城市的分支机构、领先的数字功能和以客户为中心的生态系统为各种消费者需求提供服务。作为财富管理的全球领导者，花旗集团通过其 Citigold、Citigold Private Client 和 Citi Priority 客户产品提供个性化的财富管理服务，包括专职银行家、资金准入及一系列独家特权、优惠价格和全球客户利益。凭借每个分支机构与核心市场同业的最高存款，花旗的网络越来越高效、便捷。

在商业银行业务方面，花旗集团的核心业务之一是为客户在国际上的扩张中实现跨越多个国家的资本增长和融资能力。2017 年，该业务成功深化了关键细分市场和行业的客户关系、数字化客户接触点、销售和服务工具并提高了客户满意度。在美国，花旗商业银行获得格林威治协会颁发的中级银行业务最佳品牌奖。

资本市场起源业务主要专注于机构客户的融资需求，从首次发行和交易到跨境交易和首创的地标性结构。花旗集团凭借自身无与伦比的全球业务和多元化的金融产品，致力于成为客户承保需求的首选发行人，其成功执行的记录证明也成为了为客户提供最优质服务的表现。花旗集团的结构和执行专业知识使公司成为股权资本市场的领导者，无论通过创新度还是资金募集数来衡量，花旗集团都是作为债务承销的明确选择。

企业与投资银行部门提供了全面的关系覆盖，利用行业和产品专业知识为每位客户提供最佳服务。花旗集团的企业和投资银行客户团队按行业与国家分类，每个团队都包括投资银行战略覆盖人员与企业银行家，前者主要提供并购和股权及相关战略融资解决方案，后者主要与花旗资本市场专家合作，能够为各国和地区的企业提供相应融资服务。

市场和证券服务业务主要是提供世界一流的金融产品与服务，满足所服务的数千家公司、机构、政府和投资者的需求。花旗集团一直致力于丰富定义其营销市场的关系、产品和技术。花旗集团的销售和交易、分销和研究能力的全球广度、产品深度与实力涵盖范围广泛的资产类别、货币、行业和产品，具体包括股票、商品、信贷、外汇、新兴市场、G10 利率、市政债券、期货和证券服务业务，提供定制的解决方案，支持全球投资者和中介机构的多元化投资与交易策略。根据格林威治协会的年度基准研究，截至 2020 年，花旗集团连续五年保持全球最大固定收益交易商的排名①。

私人银行业务致力于为世界上最富有的个人和家庭提供服务。花旗独特的商业模式使其能够专注于数量更少、规模更大、更复杂的净资产超过 1 亿美元的客户，私人银行团队在全球拥有超过 1000 名家庭办公室客户，私人银行客户可享受完全定制的体验并获得全面的产品与服务。花旗集团经常为遍布全球多个地区的家庭成员、企业和基金会的客户提供服务，并通过区域客户团队与少数家庭办公室客户合作以确保高水平的服务，这种广泛的服务包括经济、投资管理、贷款、银行、信托、托管及广泛的企业咨询和融资服务。

资金和贸易解决方案业务为全球的跨国公司、金融机构和公共部门提供综合现金管理与贸易融资服务。凭借业界最全面的数字平台、工具和分析套件，资金和贸易解决方案在为客户提供创新与量身定制的解决方案方面处于领先地位，具体产品包括付款、应收账款、流动性管理和投资服务、营运资金解决方案、商业卡计划、贸易融资。

截至 2018 年第三季度，花旗集团各业务的主要营收情况见表 5-3。

表 5-3　花旗集团 2018 年前三季度分业务营收情况

业务分类	金额/亿美元	占比
全球消费者银行	253.40	45.46%
机构客户组	287.80	51.64%
公司/其他	16.13	2.89%
合计	557.30	100%

资料来源：东方财富网

注：本表中数据根据原始数据经四舍五入修约得到

（三）发展战略

经营发展战略是企业为了实现自身的经营目标，谋求长期发展而做出的具有全局性的经营管理计划。花旗集团作为当今全球最为优秀的金融机构之一，想要实现持续的发展，就需要有效的发展战略。具体而言，包括购并战略、全能化战略、全球化战略与再造战略。

购并战略是实现全球化战略和再造战略的重要方式，花旗集团的购并战略特点主要包括两个方面，一是其将主要的购并中心放在美国本土，二是更具有主动性与层次性。通过一系列的购并战略，花旗集团完成了集商业银行、投资银行、保险、共同基金、证券交易等诸多金融服务业务于一身的全能型金融集团的构建过程，并

---

① https://www.citigroup.com/citi/about/institutional_business.html#section2[2021-10-04].

获得了强大的规模优势与协同效益，同时也增强了集团对于风险的防控能力。

全能化战略是花旗集团发展过程中的核心，该战略也主要体现在集团的成员与业务领域方面，旗下各成员具备较强专业性，业务全面，覆盖面广。花旗集团的主要成员包括：旗舰银行花旗银行（CitiBank），旗舰保险旅行者人寿和养老保险公司（Travelers Life & Annuity），旗舰投行所罗门美邦公司（Saloman Smith Barney），以及 Schroder、EAB、Banamex 等，在花旗商标下还包括 CitiCards、CitiFinancial、CitiMortgage、Primerica、Dinner's Club、Citigroup Asset Management、The Citigroup Private Bank、CitiCapital。

全球化战略是花旗集团的长期目标，可追溯自 20 世纪初起，建立多个覆盖全球大城市的营业网点的时期。但在不同发展阶段，其发展重心仍会发生相应的变化。花旗的全球化战略部署可有效体现在其机构设置中，包括花旗全球消费服务集团（Citigroup Global Consumer Group）、全球公司及投资银行集团（Global Corporate and Investment Banking Group）、花旗全球投资管理（Citigroup Global Investment Management）、花旗国际（Citigroup International）。同时，花旗集团的全球化战略也充分体现在业务地区上。

花旗集团的再造战略主要包括三方面。首先是权力重构，花旗集团是由两大机构合并而成，为平衡双方高管利益，平稳过渡，实行共同执政，经过后期的权力解构与重构，完成了原花旗银行首席执行官（chief executive officer，CEO）里德的退休与原旅行者集团 CEO 维尔执掌大权的转变，进而适用于未来的发展需要。其次是业务重组，即花旗集团通过将两大机构的银行、证券、基金、保险等传统独立业务进行有效的组合，进而实现产品的交叉销售，使得保险产品与投行产品迅速占领全球市场而成为行业领导者。最后是重心调整，主要表现为将花旗在美国的发展模式对外输出，如拉丁美洲市场、以中国为代表的新兴市场等。

（四）发展规模

花旗集团作为全球卓越的金融服务公司，是该行业盈利最高与成长速度最快的企业之一，同时也是世界上全球化程度最高的金融服务连锁公司，非其他金融机构可以比拟[①]。

客户关系服务网络是花旗集团不可估量的一种资源，其中平均每位客户的产品数都能在全球同行企业排名第一，桑迪·威尔曾说过："这个网络是我们唯一拥有的真正有竞争力的优势，不管你到世界任何一个地方，你都可能找到一家花旗银行的机构可以为你服务。"现汇集在花旗集团下的主要有花旗银行、旅行者人寿

---

① 花旗集团在全球 100 多个国家约为包括个人、机构、企业和政府部门的 2 亿多位客户服务，包括消费银行服务及信贷、企业和投资银行服务，以及经纪、保险和资产管理等。

和养老保险公司、所罗门美邦公司、CitiFinancial、Banamex 和 Primerica。花旗集团具备较强的抗风险能力，在重大金融危机中仍能实现逆势增长[①]。

二、公司治理特征

花旗集团自成立以来，重视公司治理有效性，并在行业中取得了较为领先的地位[②]。花旗集团的公司治理使命是致力于达到最高标准的公司治理和道德行为，有着"长期股东价值最大化"的企业目标。具体而言，花旗集团的公司治理特征体现在以下方面。

（一）股权结构

截至 2018 年 6 月底，花旗集团的总股份为 25.18 亿股，其中，流通在外的股份占股份总数为 99.96%，优先股占比为 0.04%。花旗集团股东众多，股份较为分散，且机构投资者通常为基金公司，前十大机构投资者的持股比例总计 32.37%，但没有一名股东的持股比例超过 10%，具体情况参见表 5-4，其中持股比例最高的为 BlackRock Inc.，占比 7.30%。

表 5-4　花旗集团前十大机构投资者持股情况

股东名称	直接持股数量/亿股	占已发行普通股比例
BlackRock Inc.	1.84	7.30%
Vanguard Group Inc.	1.80	7.14%
State Street Corp.	1.11	4.41%
FMR LLC	1.08	4.28%
JPMorgan Chase & Co	0.44	1.74%
Bank of New York Mellon Corp.	0.42	1.68%
Harris Associates L.P.	0.41	1.63%
Invesco Ltd.	0.41	1.62%
Massachusetts Financial Services Co /Ma/	0.32	1.29%
Northern Trust Corp.	0.32	1.28%
合计	8.15	32.37%

资料来源：Wind 数据库

---

① 在 1998 年亚洲金融危机、2001 年阿根廷金融危机等一系列重大事件中，1000 家大银行总体盈利水平曾下降甚至近 30 个百分点，花旗集团仍达到增长，充分显示了花旗集团金融体系的抗风险能力。

② 早在 2003 年时，机构股东服务部门的数据就表明，花旗集团的治理指数高于 97.1%的标准普尔 500 强公司的治理指数，居于多元化经营的金融公司行业的首位。

花旗集团在发达的资本市场环境下采用这样分散的股权，通过"用脚投票"、接管与并购等约束高管，从而有效地推进集团内部的公司治理以保证各方利益相关者的利益。

花旗集团的政策规定，股东在通过代理投票、网络投票、电话投票或其他方式行使自身投票权时，都有权要求花旗集团保密。如果有股东做出此种选择，在年度股东大会或特殊会议上的投票都应该永久保密，除个别特殊情况外，花旗集团不得向其关联公司、董事、员工等任何第三方披露。

（二）治理模式

公司治理模式大致可以分为英美治理模式、德日治理模式与东南亚家族式企业治理模式。花旗集团母公司的内部治理模式，主要遵循的是美国式单层制治理模式。

在这样的治理模式下，组织结构具有明显的特点，即只设股东大会与董事会，而不设立监事会，其中董事会讨论并决定公司经营战略，解决重大的财务人事问题。

花旗集团的内部组织结构见图 5-1。

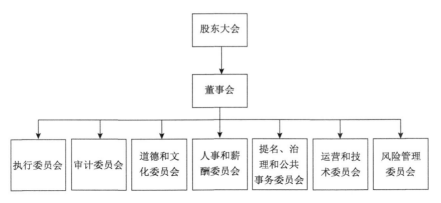

图 5-1　花旗集团组织结构

花旗集团的母公司采用单层制治理模式，而内部母子公司之间则主要采用母子公司式的治理模式。集团母公司主要包括财务、审计、人事及各委员会等的办事机构，较为精简有效，具有层次清晰的分级授权结构。母公司除了对子公司进行董事会成员派遣，对提名 CEO 等人事活动进行负责并对子公司财务、投资、风险监督等事项和政策业务进行指导外，不干预子公司的日常经营核算。

（三）董事会

董事会职责。董事会的主要职责是为保证花旗集团的股东利益而对公司相关事务进行有效的治理，同时对利益相关者的利益进行平衡，结合自身商业判断，实现公司利益最大化。

董事会成员数量与选择。花旗集团章程规定，董事会有权按内部需求确定董事数量，人数应在 13 人和 19 人之间，但通常不会在一开始达到最大数量，因为可能会有优秀人才加入，且便于换届调整。董事由股东大会以多数票选举，任期通常为一年，到下一年股东大会召开之日时届满，董事会可以在这期间选出额外的董事，其中，董事会候选人是由提名、治理和公共事务委员会筛选后推荐至董事会。就董事会主席而言，除非主席为独立董事，否则董事会应任命一位首席董事。

董事会独立性。花旗集团的董事会具有很强的独立性。公司治理指南显示，董事会中至少包括三分之二的独立董事协助董事会进行决策，且集团内部存在着具体的董事独立性评判标准，该标准旨在遵守纽约证券交易所公司治理规则及有关董事独立性的其他适用法律法规和准则。

董事会委员会。花旗集团董事常务委员会主要为：执行委员会，审计委员会，道德和文化委员会，人事和薪酬委员会，提名、治理和公共事务委员会，运营和技术委员会，风险管理委员会①，具体可见图 5-1。

每个常务委员会（执行委员会除外）都应有自己的书面章程，该章程符合适用的纽约证券交易所公司治理规则及其他适用的法律、法规和规章，章程应阐明委员会的使命和责任、委员会成员资格、委员会成员任免程序、委员会结构和运作。每个委员会的主席应与委员会成员协商，确定委员会会议的频率和长度，符合委员会章程中规定的任何要求。各委员会主席应与委员会成员和高级管理层通过协商来制定委员会的议程，每次会议议程应在会议召开前提交给所有董事，无论其是否为该委员会的成员，每位独立董事均可出席任意一个委员会的会议。此外，董事会和每个委员会无须咨询或获得集团高级管理层的事先批准，均有权雇用和解雇他们认为必要的独立法律、财务或其他顾问。

董事会绩效评估。结合委员会的建议，并基于经董事会批准的指导方针，提名、治理和公共事务委员会负责对董事会绩效进行年度评估，具体内容包括董事会整体人才基础的概况，以及根据纽约证券交易所公司治理规则和其他适用法律法规，对每个外部董事资格进行独立性评估。同时，评估也应考虑董事首次当选董事会成员后可能发生的董事责任的相关变化及委员会可能确定的适合审查的其他因素。此外，每个常务委员会（执行委员会除外）都应按章程规定对自身业绩进行年度评估。最后董事会与每个委员会的绩效评估结果都应汇总提交至董

---

① 其中，审计委员会、人事和薪酬委员会及提名、治理和公共事务委员会的所有成员均应符合独立性标准。通常委员会成员在经过提名、治理和公共事务委员会的建议后，在与各董事协商后由董事会任命，委员会主席和成员则根据提名、治理和公共事务委员会的建议进行轮换。

事会。

董事会薪酬。董事会薪酬的金额与形式是以提名、治理和公共事务委员会的建议为基础并经董事会决定的,且委员会对董事的薪酬问题进行年度审查与评估。本身为花旗集团员工的董事不应以担任集团董事一职而收取报酬,非集团员工的董事在未获提名、治理和公共事务委员会批准之前,不能涉入花旗的咨询领域。在审计委员会任职的董事不得通过向花旗集团提供会计、咨询、法律、投资银行服务或其他金融与财务咨询服务直接或间接地收取报酬。

出席会议。通常董事被要求参加花旗集团的年度股东大会、各次董事会会议及所服务的委员会会议,同时需要尽可能地增加会面的频次以妥善履行自身的职责。其中,与董事会会议或委员会会议上事宜相关的重要信息与材料需要于会议前发放给董事,以便董事有足够的时间进行概况浏览。同时,在确定的年度里,董事会主席应该确定一份标准的会议议程以便在下一年度的会议上进行讨论,并与首席董事一起确定相关的日程和议题。每个董事会成员都能建议添加或提出会议议题。非管理董事应在每次定期召开的董事会会议上召开执行会议,独立董事则应在每个年度至少召开一次执行会议。这些执行会议通常由董事会主席进行主持,当董事会主席为执行主席时,首席董事进行主持,若集团内部没有首席董事,则由独立董事进行主持。

服务于其他董事会的规定。花旗集团的董事可同时担任其他公司董事的数量应由提名、治理和公共事务委员会进行讨论并决定,从而保证每位董事都能够投入足够的时间来履行自身职责。其中,花旗集团的审计委员会成员最多在包括花旗集团本身的三家上市公司的审计委员会任职。

股票所有权承诺。在花旗集团中,董事和部分高级管理人员都必须严格遵守股票所有权承诺,该承诺要求董事和高级管理人员需持有花旗集团拥有最低所有权水平的股票。期间,董事会可以不断修改股票所有权承诺的条例以反映需要及时变更的法律和业务发展,现期的股票所有权承诺条例可参见花旗年会的代理声明。

董事会退休期限。到满 72 周岁之前一年的股东大会为止,达到 72 岁之后无法再次当选,除非有合理的理由要求其继续留任。

（四）其他事项

CEO 绩效评估。人事和薪酬委员会应按照集团章程中的规定对首席执行官的绩效进行年度审查,同时,董事会应对人事和薪酬委员会的报告进行审核以确保首席执行官在长期与短期内都能为花旗集团提供最佳的领导。

内幕交易规定。除了与员工股票期权计划或其他股权薪酬计划的日常管理需求相关外，花旗集团一般不会从员工手里购买公司股票，集团的董事和高管在规定的锁定期内不得交易公司的普通股票以避免影响内部的 401（k）计划或养老金计划。同时，董事和高管也不能就花旗集团的普通股或其他证券进行对冲交易。法律和监管规则限制，以及花旗集团个人交易政策的约束，使得绝大部分花旗集团员工被限制交易花旗集团的普通股股票或将资金转入转出花旗集团的普通股票基金。当一个人成为董事或高管时存在利用花旗证券进行套期保值的活动，提名、治理和公共事务委员会将对此进行审查。

行为准则与道德规范。花旗集团已经采用了行为准则及其他内部政策和指导方针去支持花旗的使命并遵守花旗集团的法律法规。其中，行为准则适用于花旗集团及其子公司的所有员工、董事、临时工、其他独立承包商及代表花旗集团或花旗集团利益的顾问。同时，花旗集团还采用了"金融专业人员道德准则"，适用于花旗集团及其报告子公司的管理人员与全球所有从事金融、会计、财务、税务或投资者关系工作的专业人士。由道德与文化委员收集有关遵守"行为准则"、"金融专业人员道德准则"及其他内部政策和准则的报告。

金融服务。花旗集团向董事及董事的直系亲属提供的普通业务服务，包括经纪服务、银行服务、贷款服务、保险服务和其他金融服务，均不属于集团公司治理指南、其他政策或有关法律法规中明确禁止的事项。这类服务的相关规定条款与花旗集团提供给非关联公司类似服务的条款基本相同。

第三节　区域性金融集团公司治理问题及建议

一、金融集团治理存在的问题

我国的金融集团仍处于发展的初期阶段，缺乏足够的核心竞争力与协同效应，作为既区别于一般金融机构又区别于普通公司的组织，本章在第一节已具体分析了其治理特殊性，基于此，本节将继续探讨金融集团普遍存在的公司治理问题。

（一）股权结构复杂且董事会缺乏独立性与专业性

我国金融公司通常是通过直接或间接控股、参股等形式形成金融集团，集团通常拥有三层及以上的股权层级，母公司旗下通常拥有较多的子公司，众多母公司和子公司之间形成的股权结构错综复杂且体系庞大。因此，投资人及管理者等重要利益相关者难以清楚地了解集团内部的授权关系与责任，从而增加了代理成本与监管难度。

董事会是公司重要的决策机构，也是公司治理的核心，但当前我国金融集团董事会的专业性与独立性仍有所缺乏。此外，以花旗集团为例，集团设立了多个专业委员会①，涵盖了道德文化、运营技术、风险管理等方面，在一定程度上体现了金融集团的特征。我国的金融控股集团的专业委员会数量较多，而其他类型的、针对金融控股集团的特质而设立的委员会则较少，如合规管理委员会、投资决策委员会和风险管理委员会等较为缺乏。

（二）缺乏有效透明的信息披露机制

金融集团因复杂的治理结构与不透明的组织模式而存在着较高的信息不对称性，而良好有效的信息披露则能极大程度地降低集团的代理成本，进而提高金融集团的治理效率以对风险进行有效的防范。首先，我国虽已建立了包括《中华人民共和国证券法》《中华人民共和国商业银行法》《中华人民共和国保险法》等在内的信息披露制度体系，但因有各自的行业重点而难以对综合经营的金融集团的信息披露进行监督与规范。同时，由于信息披露的高成本与复杂性动因，金融集团进行披露时缺乏足够的主动性与及时性，整体还未真正认识到信息披露对促进集团价值、增加集团市场声誉的积极作用。其次，金融集团信息披露的质量有待提高。一方面，金融集团通常会进行选择性的信息披露，对影响到集团业绩或利益的关键财务信息进行模糊化处理或隐瞒，且对非财务信息的关注度有所不足，当前相关立法也缺乏对非财务信息披露方法、格式与途径等内容的专项规定。另一方面，存在着虚假信息披露的现象，包括财务报表粉饰、表述失真、数据修改等违规行为。总体来看，金融集团的信息披露机制表现出不健全且执行效率低下的特点。

（三）缺乏系统性的风险管理体系

对风险进行及时且有效的评估是金融集团进行治理的重要环节，但当前我国大部分金融集团的风险管理体系尚不完善且缺乏系统性与灵活性，难以匹配其综合化经营风险的管理与防范要求。首先，不成熟的信息披露机制无法对风险管理体系进行支持，从而给风险评估体系的运行造成阻碍。其次，与世界先进金融集团的风险管理文化与理念相比，我国金融集团还存在较大的差距，缺乏全面且主动的风险管理理念与意识，通常会将风险管理视为事后的处理化解过程而导致前瞻性与实时性的缺失，而在本章第一节探讨金融集团治理特殊性中提到的高杠杆风险、关联交易风险与脱实向虚等特殊风险，以及各类风险表现出的传染性强的特性，都对风险管理的事前约束力与防范力提出了较高的要求。最后，金融集团的风险管理机制不健全。资本是金融集团进行稳健运营的核心与关键，而当前的

---

① 包括执行委员会，审计委员会，道德和文化委员会，人事和薪酬委员会，提名、治理和公共事务委员会，运营和技术委员会，风险管理委员会，等等。

风险管理机制并没有对资本充足性进行有效的核查，虚假出资、资本不完整、循环注册资本等现象频发，从而引发风险并造成金融集团的内部风险传导。同时，金融集团通常具有单一的产权制度结构，行政化干预与政策性业务很容易导致金融集团的风险管理缺乏刚性，从而无法对集团的管理层形成强效的约束。

（四）战略规划不清晰且管理不成熟

我国金融集团近些年来逐渐表现出发展模式多元化的态势，但金融集团内部并未制定与之相匹配的特点鲜明且行之有效的战略规划，缺乏足够清晰的自我定位，从而导致了较多不具有可持续发展意义的非理性行为，包括盲目扩张与战略重心金融化等，这都加剧了金融集团的特殊风险隐患。同时，金融集团的管理体系并不成熟，缺乏足够的管控能力。一方面，随着集团规模扩大与经营业务的拓展，各类母子公司联系层级链条增多，相对滞后的管理资源建设及不顺畅的管控传输机制都降低了集团的治理效率。另一方面，金融集团内部发展的协同性较低，母子公司在战略、技术、信息等方面的协同机制不健全，且存在发展文化、管理模式、内控体系等差异及相应的冲突，均会制约集团的协同发展。此外，金融集团对子公司的治理更多地体现出部门化的特点。集团中的子公司往往缺乏一定的生产经营自主性和独立性，更像是母公司下设的一个"部门"，接受并完成母公司直接安排给它们的任务，这可能助长决策失误的发生与风险的积累，不利于子公司的成长，也不利于整个集团的长远发展。

（五）外部监管体系不完善

除内部治理问题外，外部监管体系不完善也是金融集团面临的一大治理问题。《中华人民共和国公司法》的颁布确定了我国普通公司治理的结构，随后出台的相关法律法规构建了相对完善的外部监管体系，从而为公司治理的有效性提供坚实有力的保障。

当前，我国的金融监管是由国务院金融稳定发展委员会负责宏观审慎管理与系统性风险防范，中国人民银行负责制定和执行货币政策与防范和化解金融风险，中国银行保险监督管理委员会、证监会作为监管执行与操作方负责微观审慎监管。金融集团的治理更为复杂特殊，区别于一般公司治理，适用于金融集团治理的专门立法仍有所缺乏，主要依靠《中华人民共和国证券法》《中华人民共和国保险法》《中华人民共和国公司法》等相近的法律法规进行外部监管，但这容易出现监管缺失与监管重叠现象，无法化解金融集团综合经营带来的风险。同时，金融集团中以持牌金融机构为主体的可以受到金融监管体系的约束，而以非金融企业为主体的金融机构则不在监管范围内，各监管部门也仅仅涉及股东资格审查层面。总体来看,外部监管体系存在较明显的监管短板,且存在监管方式相对粗糙的现象。

二、金融产业集群发展存在的问题

金融产业是现代经济的核心,在经济全球化、金融合作与金融创新加快的共同趋势下,集群成为金融产业动态发展过程中的变化结果。金融产业集群不仅能够有效对人流、物流、信息流与资本流起到空间上的汇集作用和资源优化作用,还能通过多种途径积极促进一国或者区域的经济发展,从而使得产业集群体现出金融中心与经济中心的双重特征。

金融产业集群有着服务实体经济的重要特点,是金融业发展格局的重要组成部分,探究其发展特征和存在的问题具有重要意义。

将金融产业集群与经济周期理论相结合,可将金融产业集群的演化过程分为孕育阶段、成长阶段、成熟阶段与衰退阶段。孕育阶段主要是指金融产业集群形成完整规模前的一段时间,整体的产业服务链没有形成,表现出业务分散且规模小的特点,结构联系不够紧密且相互间的人才、技术与知识等的交流也不成熟。成长阶段是金融产业集群初具协同效应的阶段,内部开始形成相对稳定的上下游业务关系且出现一定的行业标准,不同公司间的创新与合作链条也逐渐形成。从成长期向成熟期过渡的阶段中,公司间的竞争加剧且并购现象明显,整个区域内的金融产品与服务的质量都会有显著提升并出现外溢效应,同时会有更多人才资金的正向流入。成熟阶段是金融产业集群规模稳定的阶段,主要特征表现为金融中心的建立,该中心具有强劲的核心竞争力与产业交易服务能力,同时兼具优秀的创新能力,成熟期的金融产业集群能够有效促进并带动当地经济的发展,吸引更加优质的资源。衰退阶段表现为金融服务的模式无法适应快速发展的金融体系,区域内业务量减少且盈利能力下降,资源也逐步退出。

政府推动与政策引导是金融产业集群建设过程中的主导性力量,也是加速产业集聚的根本原因。金融产业集群在发展过程中,对地区经济与资源带来一定正向作用的同时也不可避免地存在一定的问题,具体包括以下方面。

(一)经济发展缓慢且政策依赖性强

金融产业集群的发展有利于推动地区经济的发展,但其自身也在很大程度上依赖于当地经济的支持,即市场经济自发形成的结果。良好的地区经济基础能够促进金融产业集群的形成,同时在政府政策的重要推动下,实现金融产业集群的持续发展。自2008年金融危机爆发以来,全球主要经济体的经济发展速度变慢,我国作为世界第二大经济体,同样表现出这样的经济发展特征,虽然政府通常会出台具有吸引力与竞争力的优惠扶持政策来加速金融产业集群的形成和发展,但仍使我国金融产业增加值的增速也随之减少，进而阻碍我国金融产业集群的发展。

　　适当的政策引导有利于金融产业进步，但需要把握好政策引导的程度。若过度干预市场，一方面容易造成金融业的政策依赖性；另一方面不利于市场充分发挥其作用，还有可能促使实体产业纷纷转入金融业以享受政策利好，取得更多利润。当前，我国政府对金融产业集群干预过多，而地区经济在集群的过程中并没有起到应有的作用。过度的扶持也干扰了市场秩序，不利于公平竞争。

（二）金融市场体系不成熟且政府支持力度不足

　　当前，黄金市场、金融期货市场、银行同业拆借市场等有形金融市场均设立于上海，除上海证券交易所、深圳证券交易所、大连与郑州的商品期货交易所外，多数城市仍缺乏基础的金融市场。较多优秀的金融人才主要集聚于上海与北京，其他城市表现出明显的人才技术与资源的不足。因此，不成熟的金融市场体系会阻碍金融产业集群的建设。同时，政府在金融产业集群的建设过程中没有充分发挥自身的协调作用。一方面，不同地区在建设金融产业集群的过程中通常立足于当地发展的基础，并未完全放眼于全国的总布局或区域性经济发展的整体布局中，从而缺乏较为明确的自身定位，不同金融产业集群出现定位冗杂且缺乏统一的发展目标。金融产业集群的数量也应有所控制，避免不同地区金融产业集群间激烈的金融资源争夺现象。另一方面，由于经济、政治、文化等因素均有差异，各地区金融产业集群的发展不具有协调性，金融产业集群间不良的竞争对其自身的发展造成了严重影响。

（三）金融产业集群辐射效应低

　　金融产业集群与所在地区的发展存在着密切相关的经济联系，而金融产业集群对周边地区经济发展的促进作用主要通过自身的资源扩散能力来实现。在建立金融产业集群的过程中，如果周边地区的经济支援不充分，资源扩散将受到相当大的限制。考虑到我国目前的资源分配，具有政治、地理优势的北京和具有有利政策与系统创新的深圳等具有比较优势的地区可以得到更多的资金。如果这些地区注重资源的集中和利用，资源的集中度就会提高，缺乏比较优势的地区的金融产业集群发展将进一步受限，金融资源也难以实现规模效应的最大化。此外，由于不同地区间的经济发展水平、基础设施建设水平及人才教育水平等都存在着明显差异，且制度因素的存在也使得金融市场存在一定的分割现象，不同地区的金融产业集群的发展通常具有地区的局限性，从而阻碍了金融产业集群间的资本流动性与联系。

三、区域性金融集团公司治理建议

本书所构想的区域性金融集团旨在综合金融集团与金融产业集群的优势,以地方性商业银行、证券公司、保险公司、信托公司、租赁公司等金融机构为依托建立,具有充分整合利用资源、提高区域服务实体经济能力并实现规模效益的重要意义。

良好的公司治理是决定企业可持续发展的基础性因素,能够降低代理成本,保护利益相关者的利益。区域性金融集团治理是基于多层级管理体制与高金融风险特征进行的,有效的公司治理能保证其充分发挥自身的优势与作用,为此,本书从内、外部两方面提出建议。

（一）内部治理

1. 股权结构治理

区域性金融集团仍具有金融集团的特点,表现为拥有复杂的内部股权结构,且存在大量的交叉持股、资本重复使用及关联交易等现象,因此,区域性金融集团的公司治理问题不仅涉及母公司所有者与经营者之间的委托代理关系,还涉及母公司与子公司及孙公司间的委托代理关系。多层级的股权结构增加了公司治理的特殊性与复杂性,同时,区域性的叠加又使得多层级治理难度问题更加凸显。就区域性金融集团的股权结构治理,应注意以下方面。

首先,应当尽量减少集团内部控制层级数量以使得控股结构扁平化,从而提高区域性金融集团的透明性,以有利于信息沟通与风险控制,并有效降低内部治理成本。其次,要明确区域性金融集团的股权结构并提升识别集团所有权结构的能力,保证相关主体的透明性并通过明晰股权结构协调利益,增强整个区域性金融集团的协同效应。再次,针对子公司的股权结构应该相对集中,以便于集团战略与决策的实施,而母公司的股权结构要相对均衡,既不能过于集中也不能过于分散。最后,区域性金融集团要加强外部力量对区域性金融集团治理的监管,除了利用扁平化股权结构来提高集团的透明度外,还要积极进行包括最终控制人的公司股权结构链条的披露。

2. 董事会与高管治理

区域性金融集团具有资产体量庞大、业务种类繁多的特点,同时也面临着更为复杂的金融风险,董事会与高管作为公司治理的重要治理主体,应满足如下的要求。

《中华人民共和国公司法》规定,有限责任公司董事会成员为 3～13 人,股份有限公司为 5～19 人,区域性金融集团应该满足基本的人数规模并设置合规管理委员会、投资决策委员会、风险管理委员会等专业委员会,董事会成员也要具备一定的专业资质并拥有相关的从业背景，以增强董事会的专业性与全面性。为保证董事会能够对区域性金融集团的事务进行客观且独立的判断，应完善董事会的结构，主要表现为适当增加独立董事的比例并控制兼职董事的占比，充分发挥独立董事在公司治理过程中的重要作用。同时也要对母公司董事在子公司的任职情况做出一定的限制规定，且保证董事薪酬与集团的长期利益相一致。就区域性金融集团的高管而言，应将母公司与子公司所有的高管都纳入监管的范围。高阶理论认为高管的基本特征会对其认知与价值观产生影响，进而影响其工作偏好及企业战略选择，因此，高管教育背景、工作经验、市场声誉等条件都会影响到其参与公司治理的效果。为此，要保证高管的履职资质，同时要明确高管的履职权利与义务，建立并完善集团内部高管的绩效考核评价体系。

3. 加强风险管理机制

区域性金融集团的复杂结构带来高杠杆、资本重复计算、关联交易、脱实向虚及非协同性发展等风险，为避免集团内部风险积聚并迅速传染以造成严重危害，应加强有效的风险管理机制建设。设立并完善风险防火墙控制体系，对区域性金融集团内部的母公司、子公司、母子公司及子公司之间的信息流通、业务交流、资金融通、人事安排等方面进行风险控制，具体内容如下。

首先，区域性金融集团应建立法人防火墙隔离制度，母公司可以通过派出董事或高管来掌控子公司，但是也要建立健全完整且全面的工作制度，明确母子公司间各自的工作业务流程与规范内容，明确层次授权关系与相应责任，进而确保母子公司、子公司之间保持着独立的法人地位。

其次，母子公司之间需要进行高效的垂直化管理，建立便捷的信息沟通渠道，设立母子公司间独特的风险报告路径，及时掌握集团可能存在的风险，及时采取防控措施。

最后，对集团内部资源的合规有效流动进行控制，防止母子公司之间、子公司之间在资金、人员、信息等方面进行利益输送等违规行为。

4. 建立有效的信息沟通与披露制度

信息披露是进行金融监管的依赖性基础内容，完善的信息披露制度可以有效保证金融集团的治理透明性，就区域性金融集团的信息披露机制而言，应该包括集团对内信息披露与对外信息披露两部分。对内信息披露主要用于母子公司之间、子公司之间进行信息沟通，为董事会对集团制定决策与战略指导及有效的监管提供前提保证。董事会自身与管理层都承担着沟通与披露的职责，通过实行统一有效的内部信息披露规则，可以形成顺畅及时的"上下结合"的信息沟通渠道，进而对区域性金融集团内部的利益冲突进行平衡，合理配置资源并防范风险。对外信息披露主要用于外部监管与投资者保护，同时也便于股东了解集团信息而有效行使股东权利。在信息披露制度具体事宜方面，首先要根据相关法律法规指定相关责任人员负责披露内容,并就信息的真实性与合法性建立相关的责任追究制度。其次,披露内容应该包括具体且全面的财务与非财务信息,如资本收益率、净利润、关联交易、股权结构及高管任职背景等。最后,由于区域性金融集团具有地区性特征且业务结构复杂,应对披露信息进行统一格式处理,保持披露的完整性与一致性,便于内外部使用者查阅。

(二)外部治理

1. 建立统一的监管模式并制定相应法律法规

就金融外部监管模式而言,不同国家有不同的监管模式,国际上常见的是分业监管模式、牵头监管模式和一体化监管模式。

其中,分业监管模式较为高效,目标明确,容易实施。故美、英等国家在20世纪70年代之前都采取该种监管模式,目前也有部分国家采取这一模式,但其主要监管对象是金融集团中的子公司,缺乏一定的系统性与完整性,且各监管机构间也没有明确有效的沟通合作机制。牵头监管模式对监管牵头人与功能监管人之间的协调配合提出较高要求,因而具有较高的沟通合作成本,该模式的主要代表国家为美国。一体化监管模式则表现为由一个统一的机构对各类金融集团进行监管,该模式的主要代表国家为英国和日本。

考虑到区域性金融集团内部结构的复杂性及不同地区的协同性要求,我国应对区域性金融集团采取一体化的监管模式,从而保证监管协调性、信息共享性及监管有效性,同时可选择央行等国家权威机构作为统一监管机构。在建立统一的区域性金融集团监管模式与监管机构后,需要出台相配套的法律法规来进行监管支持。在制定监管法律法规时要充分针对不同区域性金融集团的特点,并结合《中华人民共和国公司法》《金融控股公司法》等内容,保证监管对象与监管内容的全面性和普适性,尽可能避免监管漏洞。

2. 积极"引战上市",丰富外部治理者

有效的区域性金融集团治理除了要加强内部治理外,还要通过积极的股改—引战—上市三步走来引入外部投资者,从而增强除法律法规以外的外部投资者监管。通过促使区域性金融集团实现上市,可以加强内外部的信息披露及市场竞争,同时集团股权流动性增强将有助于内部股权结构的多元化,在一定程度上也能够提高股东制衡机制,资本市场可以通过"用脚投票"措施形成监管,从而促进区域性金融集团管理层的集团利益最大化经营。

第六章　优化金融生态环境以提高金融服务质量的相关建议

第一节　建立健全金融法律体系

一、我国金融法律体系概况

我国金融法律体系是伴随着我国金融体系的不断发展而产生并逐步建立起来的，1986 年 1 月，国务院颁布了《中华人民共和国银行管理暂行条例》，其作为新中国成立以来的第一部较为完备的金融法规，为当时我国以中国人民银行为核心的金融体系提供了法治基础。随着我国市场经济体制的不断发展，我国的金融体制改革持续推进，由最初以中国人民银行作为金融体系核心，到银行、证券、保险等混业经营，再到建立一行三会的分业监管模式，以及现阶段仍在不断探索的金融监管模式改革。为了进一步规范金融体系、促进金融市场安全稳定发展，我国金融法律体系也在不断调整，基本形成了以银行、证券、保险、信托基本法为核心，以金融法律、行政法规和规章为主体，以其他办法或条例为补充内容的金融法律体系。

我国金融法律体系的核心为金融各行业基本法律，包括由中华人民共和国全国人民代表大会颁布的《中华人民共和国中国人民银行法》，由全国人民代表大会常务委员会颁布的《中华人民共和国商业银行法》《中华人民共和国证券法》《中华人民共和国保险法》《中华人民共和国票据法》《中华人民共和国担保法》《中华人民共和国信托法》《中华人民共和国银行业监督管理法》《中华人民共和国证券投资基金法》等法律。这些法律基本对应了我国金融市场各主要行业及市场，符合我国金融分业经营模式，为监管部门执法提供了法理基础。此外有研究指出，1995～2001 年，国务院共颁布金融法规 145 部，国务院各机构共颁布金融类规章 380 部，最高人民法院颁布金融类司法解释 41 部，最高人民检察院颁布金融类司法解释 9 部，涵盖金融实践的方方面面，极大地丰富了金融法律体系。同时，我国立法部门仍在不断进行相关法律法规的修订，以更好地适应不断发展的金融体制和监管体制^①。

自改革开放以来，我国金融法律体系不断发展，为金融体系安全稳定运行提供制度保障。在我国市场经济体制深入改革的过程中，各类金融实践活动逐渐丰富，因此，也需要相应的法律体系加以规范治理，同时监管当局也需要完善的金融法律体系为日常监管工作提供执法依据，基于此，各立法部门在结合我国基本国情和金融现实情况的基础上逐步完善金融法律体系，在金融监管、金融犯罪的立法等方面取得了较大成就，标志着我国金融法制化建设进入了新的阶段。

二、我国金融法律体系的特点与不足

虽然我国金融法律体系已初步建立，为金融安全稳定运行提供了基础和保障，但随着金融体制改革的不断深入，金融环境发生巨大变化，金融创新和金融混业经营趋势对建立健全我国金融法律体系提出了新的要求，已有金融法律体系逐渐显露出一些特点和不足。

从法理角度分析，我国法律体系较为清晰，较为重视立法和执法环节，相关法律法规及规范性文件涉及内容广泛，立法过程严格完整、耗费时间长，并成为执法机关行使执法权的主要依据，司法部门在行使司法权时较为依赖于已有法典，自主判断裁量较少，同时在守法方面力度不足，此外，我国金融监管部门在金融实践中往往发挥较大作用。

（一）金融法律体系庞大，法律规范性文件在实践中发挥较大作用

我国金融法律体系主要由相关法律、法规、规章和规范性文件等组成，相关法律文件条目众多，涵盖金融领域的方方面面。

我国没有专门包含所有金融实务的综合性法律，而是根据不同行业类型或市场制定不同的专门性法律。例如，按照金融市场主要行业划分而相应出台《中华人民共和国商业银行法》《中华人民共和国证券法》《中华人民共和国保险法》等法律。法规在法典里的解释为由相关国家机关制定的规范性文件，包括法令、条例、规则和章程等法定文件，具有法律效力，相较金融法律而言，法规针对性更强，相关规定内容也更加具体，用以补充解释及说明相关法律。例如，《股票发行

---

① 例如，《中华人民共和国商业银行法》于 1995 年 5 月 10 日经第八届全国人民代表大会常务委员会第十三次会议通过，此后于 2003 年 12 月 27 日第十届全国人民代表大会常务委员会第六次会议通过《全国人民代表大会常务委员会关于修改〈中华人民共和国商业银行法〉的决定》，自 2004 年 2 月 1 日起施行；2015 年 8 月 29 日第十二届全国人民代表大会常务委员会第十六次会议《关于修改〈中华人民共和国商业银行法〉的决定》第二次修正，自 2015 年 10 月 1 日起施行。

与交易管理暂行条例》就是对证券市场上关于股票发行与交易做出规定的金融法规。规章和规范性文件一般指行业活动规则、管理办法、机构或组织的规范性程序及办事规则等。

由于立法或修订法律须严格按照标准程序，所需时间较长，而我国金融体系又处于不断改革发展的过程中，金融环境和金融活动也在不断产生新的变化，因此，金融法律法规的制定与完善往往难以满足实际需要，而由金融监管当局或其他相关部门制定的规章和规范性文件相较法律法规而言更为灵活，其制定、发布、修改等较为简便，且针对性内容更加细致专一，故在金融实践中发挥较大作用。有学者指出监管部门出台的规范性文件是主要执法依据。

（二）金融法律体系仍不完善，相关领域、内容仍有不足

随着金融体制改革不断深入、金融监管体系不断变化与调整、金融创新和逐渐发展的金融混业经营趋势，我国现有金融法律体系逐渐显示出不足。例如，发展迅猛的互联网金融，由于其具有跨界性、创新性和广泛性等特点，处于刚起步仍在不断发展的阶段，因此，相关法律体系尚不完备，行业准入限制、借贷方资信要求和行为规范等方面都缺少相应的法律规范。

同时，一些非存款类金融机构如小额贷款及民间借贷等公司所在的市场，具有规范化程度低、较难实现有效监管的特点，但在实质上属于金融领域。然而，受规模或组织形式等的限制，在金融法律体系中缺少对应的基本法律规范，因此具有较大的潜在风险。金融领域的不断拓宽和深化对金融法律体系的建立健全提出了较大挑战。

此外，郑金宏等（2015）从法学层次上指出我国金融领域的一些法律。例如，《中华人民共和国证券法》《中华人民共和国保险法》《中华人民共和国信托法》等都是混合立法，其含义指交易法和行业法被糅合在同一部法律中，同时更侧向对行业进行立法，对于金融交易的立法显得不足。参照国外立法实践，金融领域的法律多是对业务和机构分别进行立法的。例如，《中华人民共和国保险法》和《保险业法》同时存在，前者是基本法且属商法，涉及保险相关业务，而后者是操作法且属监管法，涉及保险相关行业和金融机构。虽然混合立法较为简便，但也不可避免地存在一些问题：将金融活动按行业归类，可能导致监管重复或监管空白。

郑金宏等（2015）在文章中以信托为例进行解释：我国现有的法律糅合了信托行为规范与信托业规范。一方面，监管信托业是银监会（现已与保监会合并为银保监会）的职责之一，信托公司从事信托业务需要银监会批准；另一方面，银行、证券、保险等机构的理财业务在事实上又属于信托业务，故监管部门需各自制定监管办法，导致了监管制度的不一致。

（三）金融法律法规灵活度不足、实践中依赖于规范性文件

由于金融法律法规的修订程序复杂、所需周期较长，对于快速发展变化的金融市场而言缺乏灵活性和可操作性。因此，在立法之初就进行制度设计，利用授权性规则等方法为行政权力的行使提供保障，故在我国金融法律体系中，行政许可往往占据重要位置。而监管部门为了更好地履行职责，会依据不同的职能和监管领域制定规范性文件，这些文件具有政策性和不稳定性。在不断显露的金融混业经营趋势下，金融机构逐渐不再严格按照行业划分从事金融业务，不同类型的金融机构可能从事同一性质的业务活动，同一机构也可能开展不同类型的活动，由此导致相应的规范性文件可能存在适用混乱、重复空缺或者监管套利等问题。研究统计，截止到 2013 年 12 月，在我国资本市场法律、行政法规、司法解释及规章、规范性文件中规范性文件占 86%，由于法律法规在金融实践中有许多局限，致使政府机构和相关部门更多地依赖于规范性文件，这赋予了监管部门较大的自由裁量权，其职权和责任的范围及边界受到较小约束，由此可能导致其权责不匹配。此外规范性文件可能存在执法与司法部门间的工作连接不顺、内容形式不够规范严格等问题。

（四）投资者和消费者合法权益保护体系仍不完善

相较其他行业，金融业涉及资金量大、资金来源广且风险较大，再加上金融市场中存在信息不对称和较高的专业技术知识壁垒，相关投资者和消费者往往难以对金融机构如何经营和运作进行有效监督，自身合法权益受到侵害时也较难维护自身权益。我国现有商业银行法、证券法、保险法等法律法规均将保护投资者和消费者合法权益纳入立法目的之中，但为了维护金融安全稳健发展，维护金融秩序，在实践中往往更重视对金融机构的行为活动规范进行监督管理，在保护投资者和消费者合法权益方面不足。对于金融机构相关的违规行为，较多以行政处罚方式进行处罚，民事处罚和刑事处罚未能达到预期效果，使得金融机构主动规范行为、加强内控和保护投资者合法权益的动力不足。在金融实践中，投资者和消费者由于缺少相关金融专业知识、对金融产品风险认识不足，在与金融机构签订金融合同时处于信息资源劣势的一方，在不知情情况下自身合法权益极易受到侵害。此外，在维权过程中，相关诉讼举证等机制仍不成熟，投资者和消费者利用法律武器维权的过程较漫长、程序复杂，而其他解决纠纷的方式，如调解、仲裁、协商等机制又未完善，因此，很难及时有效地以较低成本维护自身权益。

（五）金融司法体系存在不足

胡滨和全先银（2009）研究指出，司法程序能够解决纠纷，而金融市场中存在许多纠纷，其中部分纠纷未能完全得以解决，如由于内幕交易、操纵市场和虚

假陈述等金融机构违规而造成的民事纠纷案件，在 2001 年 9 月 21 日，最高人民法院对证券市场上由侵权而导致的民事纠纷案件下发了"暂不受理"的通知，此类通知基于司法机关自身原因不利于投资者和消费者维护自身合法权益。郑金宏等（2015）则研究指出，许多金融争议案件没有按司法程序解决，其原因是受理案件法院受限、当事人起诉有额外条件、诉讼提起方式受限等司法筛选机制的问题。由于以上原因投资者和消费者利用司法程序维权的困难较大，因此，减少了参与市场交易的动机，而这也会影响金融市场的监管体系。由于投资者和消费者在参与金融活动后较难得到有效的合法权益保护，因此，需要监管机构被赋予更多的权利对金融体系实施严格监管，设置相应审核、检查和规范程序，也较为依赖其监管能力。

（六）金融法律体系的实施环境不佳

金融体系得以稳健运行的一个基础就是完善的信用体系，而当前我国金融信用法制环境仍未完善，尤其是在信贷征信业缺少专门法律法规进行规范、征信机构及其定位、发展方式及征信活动缺少相应监管规范。此外，对于金融机构等提供金融产品或服务的一方而言，遵守相关金融法律法规可能限制其经济利益的扩大或为守法而付出较高的内控及内部合规治理成本，因此，其缺少主动合法合规开展经营业务的动力。同时，金融产品或服务的投资者或消费者一方由于缺少专业知识，法律意识较为淡薄，难以对金融机构等开展的经营活动是否符合规范做出有效判别，削减其外部监督的能力，一旦合法权益受到侵害，又难以有效地利用法律武器维护自身利益，因此，金融法律体系在金融实践应用的过程中缺少良好环境，致使其发挥作用受到限制。

三、完善我国金融法律体系的建议

（一）建立健全金融立法体系

金融法律体系同其他法律体系一样，应始终坚持科学立法和民主立法。在科学立法方面，可以提升以下几点：首先，要保持金融法律立法目的稳定，坚持维护合法权益，规范金融各行业行为规范，维护金融秩序以使金融安全稳健发展。其次，提高立法能力和工作质量。金融领域覆盖面广、各行业间界限不甚明确、金融机构开展业务活动多样，因此，传统金融法律多从宏观方面进行条款设计，故应该进一步重视在立法环节的精细化操作，使得法律设计更加严密有效。最后，应重视金融、法律专业技术知识和实践经验在立法过程中的作用。金融体系处于不断改革完善的过程中，相应立法机关应加强与金融监管当局和其他政府部门的联系，提高立法专业技术水平。在民主立法方面，可以做出以下改进：首先，积极探索以立法机关为主体，协调社会各界参与其中的立法模式，充分发挥民主性，反映各方的实际需求；其次，在立法过程中注重程序透明和及时反馈机制，以及时公布金融法律法规草案和修改意见，广泛听取社会各界的意见、建议，使得法律法规更加深入公众内心；最后，在立法工作结束后仍要坚持民主性的评价及结果反馈工作，对立法工作和相关法律法规成果建立完善的评价机制，以此进一步完善金融法律体系。

此外，面对金融市场的快速发展变化，应根据实际情况需要及时立法或修订相关金融法律法规，运用科学合理的专业技术提高立法和修订效率，尽量缩短立法、修订时间，使得立法过程更加公开透明，广泛听取社会各界意见反馈。

（二）丰富完善金融法律体系涉及的领域和内容

金融市场涵盖领域、行业广泛，且金融机构、产品服务、业务活动等千变万化，为进一步完善金融法律体系提出了较大挑战。第一，建立健全对互联网金融、民间借贷等非传统、非金融机构的监管，完善相应金融法规、规章和规范性文件。例如，可以制定专门的《互联网金融法》，对其中涉及的准入标准、业务规范、交易行为等做出明确规定，为监管部门开展工作提供法律依据。第二，加快期货法等金融衍生品相关法律规范制定进程。随着我国衍生品市场的不断发展，现有金融法律规范已经不能满足衍生品市场的监管需求，现有衍生品的法律规范除了《中华人民共和国证券法》和《期货交易管理条例》外，多是规章和规范性文件，这些规范众多，未形成一个协调有效的完整系统，因此，降低相关监管部门开展工作的效率，部分规范可能存在内容上的衔接不足或重复，降低其实用性，故需进一步加快建设金融衍生品市场法律体系。第三，完善金融创新方面的法律规范建设。由于金融创新具有快速性和不确定性，制定或修改相关法律需要较长周期，立法部门和其他监管当局应顺应实际情况制定章程、规范性文件等更加灵活的法律规范，同时完善相应业务的审核制度或许可制度，控制相应风险。此外，可以在修订已有法律时考虑金融创新可能导致的问题。第四，重视金融市场安全运行方面的法律体系建设，进一步完善存款保险制度。国务院已于2015年2月17日发布《存款保险条例》，条例的实施能够增强公众对银行业整体的信心，使得银行业稳定运行，但与此同时也应注意存款保险制度的存在使得银行业外部存款人监管的动力下降，银行也有可能基于这一保护制度开展风险更大的经营活动。因此，需进一步完善存款保险制度相关的法律体系建设，更好地使其发挥作用。

（三）规范金融执法体系

实践中执行相关金融法律法规赋予权利的主体是金融监管部门和行政机关等相关部门，基于上述金融体系特点及不足分析，金融监管当局在落实金融法律法规、制定行政规章和规范性文件方面具有较大的自由裁量权。例如,《中华人民共和国银行业监督管理法》第三条规定:"银行业监督管理的目标是促进银行业的合法、稳健运行,维护公众对银行业的信心。"为金融监管当局提出其监管目标,赋予其较为广泛的监管自由裁量权,因此,应对其权利进行有效限制。

程亚萍和秦守勤(2010)研究指出可以在以下方面完善对金融监管自由裁量权法律控制:第一,借鉴西方国家已有经验,结合我国国情和实际情况完善控权原则,如英国的合理性原则等。第二,在监管机构内部完善裁量基准原则,充分利用监管当局的实践经验制定标准。第三,建立理性监管程序,重视监管行为合理性,通过公正理性的程序实现理性监管。例如,监管听证制度、监管回避制度和监管行为说明理由制度等。第四,建设金融监管复议制度,强调该制度是金融监管当局内部的层级监督机制,是纠错机制,监管复议要保证公平性,因此,要充分发挥其他政府部门及社会中介机构。例如,律师事务所和会计师事务所的作用,规定实施金融监管复议的资格和条件。第五,完善相关司法审查制度,通过司法审查制度规范金融监管自由裁量权,可以建立滥用权力的司法审查标准,使得监管当局完善、规范其行为。

(四)完善金融司法体系

人民法院新闻传媒总社党委书记、社长倪寿明指出,金融司法是严防系统性金融风险的重要一环,最高人民法院选择在金融案件数量较多、金融司法基础较好的上海探索设立上海金融法院,对各类金融案件集中管辖,使得金融司法程序更加专业,并据以指导各地根据实际情况探索更加先进的金融司法体系和程序。

在完善金融司法体系的实践过程中,上海市进行了许多有益的实际探索,为进一步推广至全国其他省市提供了宝贵的经验。金融市场发展过程中涌现了许多新类型金融案件。例如,互联网金融案件和个人对个人P2P(peer to peer,个人对个人)案件等,这些案件形式复杂审理难度大,基于此,上海市高级人民法院在2016年发布年度《上海法院金融商事审判白皮书》,并发布年度上海法院金融商事审判十大典型案例,举出了一些较新的金融案件,为其他同类案件的审理提供指导建议。因此,应维护司法体系维持金融秩序的功能,司法机构依法高效受理金融案件,减少不必要的金融纠纷案件筛选机制,同时积极探索多种司法程序处理金融案件。

(五)建立健全投资者和消费者权益保护法律体系

由于金融市场存在信息不对称问题,投资者和消费者往往处于信息资源的劣势地位。对于广大公众投资者而言，相较其他机构，自身资金和金融专业知识也处于不利地位，随着金融产品日益丰富，投资者往往难以分辨其中风险，因此，其合法权益容易受到侵害，在权益被侵害后，维权程序较为复杂专业，维权成本也相对较高，使得其依法维权过程较难实现。因此，应重视投资者和消费者合法权益保护的法律体系建设。已有法律规范多是从宏观角度对投资者和消费者权益保护做出规定。例如，2015年《国务院办公厅关于加强金融消费者权益保护工作的指导意见》发布，从指导思想、工作要求、规范金融机构行为、完善监督管理机制、建立健全保障机制五大方面，以及若干细节方面对各省、自治区、直辖市人民政府及国务院各部委和其他部门提出指导性意见，基本覆盖金融领域各个方面，从宏观角度提出保护金融消费者权益的指导方向，但在实际执行过程中往往缺乏操作性，各具体措施及实施细则均是由各有关部门制定，因此，整个权益保护法律体系缺乏协调性和整体性，应建立一套完整统一的金融消费者权益保护法律体系。此外，对金融消费者的权益保护多是基于事前严格监管和防范，重视金融机构主动承担相应责任，因此，缺乏遵守规范动力，对监管机构的执法授权也存在授权过度或不足等问题，事后处罚方面也较多实施行政处罚而较少实施民事或刑事处罚，因此，需进一步完善投资者和消费者合法权益保护体系。

（六）创建良好的金融法律体系实施环境

金融法律体系的完善离不开良好的实施环境。首先，应强调培养社会各界的遵守金融法律法规的意识，利用多种形式和渠道进行宣传。在金融机构各基层营业部，充分调动工作人员向投资者或消费者宣传金融产品、服务及风险等金融知识的积极性，并可将工作成果纳入绩效考核体系中。其次，提升金融各行业自律监管水平，利用行业协会等自律组织具有的专业性及紧贴实际情况的优势对行业各类金融机构进行监管，规范其行为。再次，加强对金融法律法规的宣传力度，对违规案件的审理及处罚结果及时公布，加强惩戒力度。最后，完善金融法律服务体系，加强对投资者和消费者权益保护的救助机制，在产生金融纠纷时及时提供法律援助，完善相关司法程序，降低消费者维权难度及维权成本。

第二节　完善金融监管体系

一、我国金融监管体系概况

党的十八大以来，我国金融监管体系进入了全面深化改革的新时代，中国特色社会主义现代金融体系不断发展，我国金融监管体系在理论和实践方面均取得了较大成就。党中央提出了金融服务于实体经济和守住不发生系统性金融风险的底线等改革目标，对金融监管体系改革提出了新的要求。2017 年 7 月召开的第五次全国金融工作会议上，习总书记强调"防止发生系统性金融风险是金融工作的永恒主题。要把主动防范化解系统性金融风险放在更加重要的位置，科学防范，早识别、早预警、早发现、早处置，着力防范化解重点领域风险，着力完善金融安全防线和风险应急处置机制"①。

随着金融混业经营趋势及金融创新的发展，金融控股公司等大型混业经营金融机构不断产生，金融体系市场化改革也在不断深入，种种因素致使金融体系的风险加大，对金融监管提出新的挑战。对此，第五次全国金融工作会议提出建立国务院金融稳定发展委员会，其于 2017 年 11 月 8 日宣告成立并召开第一次会议。该委员会的成立切实解决了金融监管体系专业化分工导致的协调问题，能有效在各金融监管机构、中央和地方间发挥统筹协调作用。中国社会科学院金融研究所副所长胡滨研究指出，设立国务院金融稳定发展委员会是提升我国金融领域国家治理水平的重大体制机制创新②。国务院金融稳定发展委员会的主要职责是：落实党中央、国务院关于金融工作的决策部署；审议金融业改革发展重大规划；统筹金融改革发展与监管，协调货币政策与金融监管相关事项，统筹协调金融监管重大事项，协调金融政策与相关财政政策、产业政策等；分析研判国际国内金融形势，做好国际金融风险应对，研究系统性金融风险防范处置和维护金融稳定重大政策；指导地方金融改革发展与监管，对金融管理部门和地方政府进行业务监督和履职问责等③。

我国金融监管框架也发生了较大调整。银监会和保监会合并为中国银行保险监督管理委员会，成为国务院直属事业单位，其原本拟订银行业、保险业重要法律法规草案和审慎监管基本制度的职责也转交中国人民银行。我国原有的"一行三会"金融监管框架转变为"一委一行两会一局"，即国务院金融稳定发展委员会、中国人民银行、中国银行保险监督管理委员会和证监会、各地金融监管局，国务院金融稳定发展委员会主要负责统筹协调各金融监管机构，中国人民银行主要负责宏观审慎监管和金融法律法规体系建设等工作，中国银行保险监督管理委员会和证监会主要负责微观审慎监管及对金融各行业市场进行行为监管等工作，各地金融监管局主要负责各地区的金融监管具体工作。

---

① 全国金融工作会议在京召开. http://www.gov.cn/xinwen/2017-07/15/content_5210774.htm [2020-03-38].

② 胡滨研究指出："国务院金融稳定发展委员会的设立不仅是将 2013 年 10 月开始运行的金融监管协调部际联席会的'部际水平协调'升级为'上下级垂直协调'，而且是提升我国金融领域国家治理水平的重大体制机制创新。"

③ 国务院金融稳定发展委员会成立并召开第一次会议. http://www.gov.cn/guowuyuan/2017-11/08/content_5238161.htm[2017-11-08].

二、我国金融监管体系的特点及不足

（一）金融监管法律体系仍不完善

我国当前金融法律体系仍未完善，在实践应用中仍存在许多不足，迅速发展的金融市场和不断产生的金融创新产品及服务为建立健全金融法律体系提出了新的要求。当前金融法律法规并不能完全覆盖金融各个领域，法律法规制定周期较长，往往不能及时更新以适应监管需求。金融法律体系较多地依赖于行政规章和规范性文件，相关金融法律法规较为缺少，即金融监管立法层次仍不够高。

在金融监管立法方面，存在一定的滞后性，且法律体系的协调性仍有所缺欠。研究指出，《中华人民共和国中国人民银行法》《中华人民共和国银行业监督管理法》《中华人民共和国商业银行法》《中华人民共和国证券法》《中华人民共和国保险法》均有对存款者、投资者、消费者和其他当事人合法权益保护的内容，但是没有明确"金融消费者"的具体含义（曾刚和贾晓雯，2018）。2015 年《国务院办公厅关于加强金融消费者权益保护工作的指导意见》发布，虽明确要保护金融消费者合法权益[①]，然而由于其并非金融法律法规，不具备法律效力，因此，在实际应用中往往难以充分发挥作用。

虽然我国已基本建立了较为完善的金融法律体系，但随着金融体制改革的不断深入，金融市场不断创新发展，新的金融风险也在不断产生，为原有的金融法律体系提出了更高的要求，同时金融法律法规往往是事前制定，且修改程序较为严谨复杂，因此，难以适应实际应用中的新要求，缺乏系统前瞻性。

（二）混业经营趋势下相关经验不足

在银监会和保监会合并之前，我国"一行三会"的金融监管体系自 2003 年银监会成立以来一直发挥着重要监管作用，积累了许多证券业、银行业、保险业分业监管的实践经验。然而，随着我国银行业和保险业混业的趋势不断加强（如大型银行参股中小保险公司，大型保险集团参股中小银行），对混业监管的需求不断增强，而我国金融监管实践中缺少相关经验。陈怡彬（2013）研究指出，我国金融监管较多实施强制性行政命令，监管方式缺少科学性，金融监管较多实行审批制，重视国有银行监管。我国较长时间以来根据分业经营模式开展金融监管工作，在面对当前混业经营的新趋势下，缺少足够的混业监管经验。尤其是在混业经营

---

① 《国务院办公厅关于加强金融消费者权益保护工作的指导意见》指出："坚持审慎监管与行为监管相结合，建立健全金融消费者权益保护监管机制和保障机制，规范金融机构行为，培育公平竞争和诚信的市场环境，切实保护金融消费者合法权益，防范和化解金融风险，促进金融业持续健康发展。"

条件下不断产生的新的金融机构间业务关系和新型金融工具，为金融监管体系提出了较大挑战。

（三）金融创新监管仍不完善

金融创新是金融体系不断发展过程中十分重要的一个方面，也是较易引发新的金融风险的一个方面。金融创新是国际上金融发展的趋势，在我国金融进一步加强国际化发展的情况下，对金融创新的监管具有更高的要求。然而在实践中，金融监管体系较难对未来发展趋势做出准确预测，金融创新的方向和结果往往是不确定的，因此，较多的是在金融创新在实际中应用后才能针对性地建立相应监管措施，处于被动地位，造成监管滞后的不良结果，影响了金融监管效果。同时，金融创新往往带来新的金融风险，监管当局又缺少应对相应风险的经验，由此使得金融创新的监管较为困难。

（四）金融行为监管仍不完善

2017 年，第五次全国金融工作会议召开，会议提出"加强功能监管，更加重视行为监管"，行为监管也由此成为完善金融监管体系的重要方面。金融行为监管的定义是政府通过特定的机构对金融交易行为主体进行的某种限制或规定，是关于金融产品交易者及市场交易方面的政府规制。行为监管主要包括以下方面：严禁误导销售及欺诈、操纵市场、内幕交易等，切实保护金融信息安全以实现金融市场的公平交易和有序竞争。然而有研究表明，我国在实施行为监管方面仍存在不足，研究指出，行为监管与审慎监管的关系失衡，审慎监管开始时间较早，在理论和实践方面积累了大量经验，在监管体系中处于优势地位。即使我国初步建立了"内双峰"监管模式，但中国银行保险监督管理委员会消费者权益保护局仍是监管机构内部部门，缺少相对独立性。因此，在金融监管的实际应用中行为监管仍依赖于审慎监管，难以有效发挥行为监管的作用（曾刚和贾晓雯，2018）。同时，金融混业经营趋势对混业监管的要求逐渐提升，地区性金融违规事件频发，而中央与地方的金融监管协调机制仍不完善，种种监管体系的不足势必会对行为监管提出新的挑战。

金融消费者的保护是行为监管最主要的内容和目标，我国于 2012 年开始在"一行三会"内部设立消费者权益保护局来发挥此项功能，然而，由于审慎监管一直以来的优势地位，人员和资金等资源纷纷流向审慎监管方面，使得流向行为监管方面的资源相对较少。由此使得消费者权益保护局受资源所限，难以有效开展金融消费者权益保护的工作，难以发挥金融机构业务活动和产品服务的有效监管。

（五）金融监管效率仍需提高

金融监管能够有效防控金融风险，规范各类金融活动，维护金融安全稳健发展，在我国金融体制改革的过程中，长期积累及不断产生的新的金融风险对金融监管效率有着更高的要求，而影响金融监管效率的因素有许多。政府出于维护金融市场稳定、防止较大的金融危机发生的目的，往往会主动化解风险或为大型金融机构兜底，在 2008 年美国次贷危机中，财政部动用 7000 亿美元使得陷入困境的金融机构走出危机，"大而不倒"一词也形象地揭示了这一问题。然而，政府这一隐性担保可能存在诸多问题，金融机构在开展业务活动中会将其纳入考虑，因此，可能过度承担风险，加深金融市场的不稳定性，由此降低了金融监管效率。此外，金融体系的透明度不足也将影响金融监管效率，王刚等（2015）研究指出，当前我国金融体系透明度低、信息披露不充分等问题仍存在，2010 年世界银行和国际货币基金组织开展的中国金融部门评估报告显示，公开的银行数据的缺少降低了银行系统透明度，为金融监管工作的开展产生了较大阻力，使得我国金融监管效率降低。

同时，金融监管部门也是政府部门，当宏观经济政策或其他政策发布时，监管当局往往需要协调发展目标和监管目标，可能存在通过改变监管标准以满足发展需求、将金融监管任务置于发展任务之后的情况，再加上政府部门对金融体系的隐性担保，金融监管效率可能不能达到实际需求。

（六）金融监管机构协调性仍需提高

金融监管机构协调主要体现在两个方面，分别是同一监管机构内部协调和不同监管机构间协调。在监管机构内部有着明确的监管层级，为了使得防控重大金融风险等监管工作得以有效开展，需要基层监管机构在调查了解情况之后将相关材料或预案层层提交至上级机构，一旦上下级间的协调机制不够完善或效率较低，会造成监管效率低下。此外，我国金融监管体系仍处于不断探索和发展中，"一委一行两会一局"金融监管框架的效率也需要经过实践检验，在金融业整体呈现的混业经营趋势下，各金融监管部门间的沟通协调机制需要进一步的提升。

三、完善我国金融监管体系的建议

（一）建立健全金融监管法律体系

完善的法律体系是有效开展金融监管工作的基础。第一，应加快《中华人民共和国期货法》等立法的进程，完善《中华人民共和国证券法》《中华人民共和国信托法》等已有法律法规，根据监管实践对相关法律进行修订；第二，结合金融实践和其他国家金融监管的实际经验，在立法时适当对未发生的事件进行提前预防，同时为金融监管机构进一步重点开展工作的方向做出指导；第三，完善金融监管法律环境，各金融监管部门切实对领域内法律法规进行梳理完善，结合实践经验制定或修订法律文件，改善司法和执法环境，逐渐形成完善的法律法规体系。

（二）加强金融创新监管

金融创新常常伴随较大的不确定性和风险。当前我国金融体系处于快速发展阶段，金融创新成为主要发展趋势，金融机构自身缺少对金融创新的监管动力，因此，需要监管部门加强外部监管。首先，应转变监管思路，过去在金融创新进程仍较为缓慢时，被动型的金融创新监管采取事后监管模式，能够满足监管需求。然而，当前我国金融创新迅猛发展，一旦在金融创新过程中积累了大量风险因素，势必会对金融安全稳健发展造成极大影响。因此，要变被动监管为主动监管，监管当局在开展工作时主动识别各种金融创新带来的不规范问题和风险因素，更好地建设服务型金融监管模式。其次，完善金融消费者合法权益保护体系，健全消费者保护法律制度，同时加强对投资者和消费者的宣传教育，使其更加了解金融创新相关风险。再次，对金融创新监管要做到密切跟踪，慎重对待。最后，针对突出的风险问题，要加强统一监管，充分发挥国务院金融稳定发展委员会的统筹协调作用。

（三）完善金融行为监管

金融行为监管的主要内容和重要目标是金融消费者权益保护。第一，需要建立健全消费者权益保护法律体系。我国应从法律层面，对金融机构予以约束，对金融消费者的权益予以保护，这也是最为直接有效的监管方式。例如，美国的《多德–弗兰克华尔街改革与消费者保护法案》详细界定了监管当局应该开展的工作和各类情况说明，2016年我国发布规范性文件《中国人民银行金融消费者权益保护实施办法》，但仍缺少具有法律效力的法律法规，因此，应进一步开展相关立法工作。第二，应对审慎监管和行为监管同样重视，一旦行为监管有所欠缺，不但容易引发微观风险，甚至可能产生系统性风险，因此，应重视审慎监管和行为监管并重的监管模式建设。监管分工即双峰监管模式已成为多数欧盟国家开展混业监管的主要模式，如法国和英国，该模式下某一监管当局既制定宏观审慎政策，又对重要金融机构和金融基础设施进行审慎监管，而另一监管机构则对商业行为进行监管。第三，国务院金融稳定发展委员会进一步发挥统筹协调金融监管体系的作用，中国银行业监督管理委员会消费者权益保护局（现名为中国银行保险监督管理委员会消费者权益保护局）于2012年11月成立，应充分保持其独立性，同时加强不同监管机构间的沟通协调和配合工作。第四，应提升行为监管专业能力，完善相关监管流程和手段，对金融创新及金融产品服务开展有效监管，严格防控风险，同时加强行为监管执法力度，对危害金融消费者合法权益的行为应严厉惩处。

（四）提升金融监管效率

金融监管效率的提升将更好地发挥金融监管作用。第一，切实解决政府隐性担保于金融监管效率的影响，严格控制金融机构过度承担风险的行为；第二，丰富金融体系，创造公平良好的环境，鼓励金融机构间的良性竞争；第三，提高金融体系的透明度，加强金融市场信息披露，降低市场信息不对称程度；第四，协调政府宏观经济政策与金融监管政策目标，使得金融监管当局既有效发挥监管职能，又促使我国金融体系安全稳健发展；第五，提高监管水平，学习西方发达国家金融监管领域的先进经验，正确处理对金融创新和混业经营趋势的问题，进一步完善宏观审慎监管体系。

（五）加强金融监管机构协调

国务院金融稳定发展委员会的核心职责就是发挥统筹协调作用。中国社会科学院金融研究所副所长胡滨研究认为[1]，完善统筹协调机制可以从以下方面进行改进：加强对系统重要性金融机构和金融控股公司的审慎管理统筹；加强金融基础设施和金融信息数据的统筹；加强金融监管机构间、金融监管机构和其他部门责权利的统筹；加强中央与地方风险分担、监管职责的统筹。进一步发挥国务院金融稳定发展委员会统筹协调作用，使其与国家宏观经济政策相协调，严格控制系统性金融风险，对中央和地方金融监管职责进行有效划分等。

（六）完善金融监管环境

金融监管工作的开展离不开良好的环境。首先，应加强金融监管机构间、金融监管机构和其他政府部门间的协同关系，在金融创新和混业经营的趋势下，金融监管将面临更加复杂、涉及面更广的风险因素，为解决新兴金融行业不规范的业务活动监管问题，有时需要与其他政府部门合作，如司法和工商等部门；其次，在金融体系对外开放进一步扩大的过程中，注重金融监管的国际合作，如参加国际性金融监管组织，加强国际信息交流与沟通，学习发达国家先进的金融监管经验，等等；最后，切实落实金融回归本源，服务实体经济发展，同时严格防范系统性金融风险，守住不发生系统性金融风险底线。

根据不完全统计，截止到 2017 年，各金融监管机构做出超过 2700 件行政处

---

[1] 加强监管统筹协调 健全金融监管体系. http://paper.cntheory.com/html/2018-04/06/nw. D110000xxsb_20180406_1-A1.htm[2021-04-01].

罚，罚没金额超过 80 亿元，2017 年也被金融业称为"史上最严"金融监管年，为我国金融监管提供宝贵的实践经验[①]。

第三节　深化金融创新

一、我国金融创新发展概况及潜在风险

当前，随着我国金融体制改革的不断深入，金融服务实体经济能力逐步提升，金融对外开放交流进一步扩大，种种发展趋势促进了金融创新的快速发展。我国金融业务呈多元化发展趋势，金融业务包括银行、保险、证券、信托、投资、租赁等多种业务类型，同时金融混业经营趋势也在不断显露。

我国互联网金融进入了快速发展阶段，金融机构借助先进的互联网技术，对传统业务进行升级改造，同时对新的业务及产品服务进行开发，依托互联网建设新的网上平台。在 2013 年，蚂蚁科技集团股份有限公司推出余额宝，成为中国最大的货币基金之一，此后微信支付等支付平台纷纷上线，百度、阿里、腾讯等互联网巨头也进入金融领域，P2P 网络借贷等互联网金融模式得到了极大发展，支付宝、微信钱包等移动支付成为当前广大民众主要依赖的支付手段。在互联网金融不断发展的过程中，传统金融行业受到了一定的竞争冲击，但也基于此广泛利用自身优势不断谋求新的突破。相较传统金融模式，互联网金融以其低成本、高效率、简便性和人性化成为广受欢迎的金融模式，因此，也受到了国家的重点关注，得到了相应规范指导和监督管理。赵虎林（2018）研究认为，主流互联网金融模式可以分为第三方支付、网络借贷、众筹、网络征信和其他互联网金融模式。虽然互联网金融具有诸多优势，处于迅速发展时期，然而其较为依赖互联网等新型技术，具有不稳定性和广泛传播性，再加上金融本质上面临的诸多市场风险、流动性风险、信用风险等风险因素，较易引发新的风险因素。

当前我国正在逐步推动自贸区的建设。作为一项战略举措[②]，自贸区在创造优良投资环境、推动金融创新服务于实体经济、培养金融创新人才等方面起着示范引领作用。截止到 2018 年 4 月，我国共建设了 12 个自贸区[③]。自贸区为我国金融

---

① 行政处罚超 2700 件，罚没金额超 80 亿元——透视 2017 年"史上最严"金融监管年. http://www.xinhuanet.com/2017-12/14/c_1122111949.htm[2021-04-01].

② 2018 年 11 月 23 日，《国务院关于支持自由贸易试验区深化改革创新若干措施的通知》发布，指出："建设自由贸易试验区是党中央、国务院在新形势下全面深化改革和扩大开放的一项战略举措。"

③ 这些自贸区分别设在上海、广东、天津、福建、辽宁、浙江、河南、湖北、重庆、四川、陕西、海南。

创新发展提供了良好的环境，但在发展过程中也存在一些不足。阳建勋（2017）研究发现，自贸区所在地方政府可能更加重视推动金融创新发展，而在金融监管方面重视不足。此外，金融监管相较金融创新而言发展不足，难以充分发挥作用，自贸区所在地方政府开展金融工作主要受中央金融监管部门的监督和管理，而金融创新已得到中央授权，导致了创新和监管之间的不协调；同时，在金融混业经营发展趋势下传统分业监管模式已难以满足当前监管需求，由于在所在片区开展金融工作，自贸区微观金融监管较宏观金融监管更加充分，应对整体系统性风险的监管体系仍不完善；自贸区金融监管相关规范难以上升到法律层面，许多金融创新业务活动缺乏法律规制。在自贸区不断创新发展的过程中，诸多监管和风险因素问题仍待进一步解决。

我国金融衍生品市场不断发展完善。当前，我国共有上海期货交易所、郑州商品交易所、大连商品交易所和中国金融期货交易所四个期货交易所，衍生产品包括商品期货、金融期货、商品期权和金融期权等，商品期货标的资产包括农产品、能源化工、有色金属等行业。同时在上海证券交易所上市了上证50ETF期权，在大连商品交易所上市了豆粕期权，极大地丰富了我国期权市场。然而我国金融衍生品市场仍存在一些不足：我国金融衍生产品品种较为不足，尤其是在金融类衍生产品方面，有研究指出在国际衍生品市场金融类衍生产品约占成交总量的90%，而当前我国相关交易品种仅局限于如沪深300股指期货、上证50股指期货、国债期货、上证50ETF期权、豆粕和白糖期权等有限的若干个品种，金融类衍生产品种类更是不足；我国金融衍生产品市场监管体系仍不完善，相关法律法规体系需要进一步发展，缺少《中华人民共和国期货法》等上位法提供法律规制，证监会、中国人民银行等监管当局都对衍生品市场负有监管职责，部门间沟通协调机制需要进一步完善，监管水平和监管效率也待进一步提高；我国金融衍生品市场仍需进一步提升国际化水平，吴希和路越（2018）研究指出，当前境内衍生品市场只对境内投资者开放，境外投资和境外投资者在境内进行投资只能通过QDII和QFII基金实现，境内衍生品在国际市场上仍缺乏足够的影响力，在衍生品定价和国际大宗商品定价方面仍缺少话语权。

二、深化我国金融创新发展的建议

（一）提升金融创新能力

金融创新涉及金融领域较为前沿的科学技术和专业知识，因此，进一步提升金融创新能力具有重要意义。第一，应加强金融科技型人才的培养。我国各金融类学科一直是众多学生追求的方向，金融专业也成为众多高校炙手可热的专业学科，然而在培养高素质、高水平金融人才方面，我国还缺少先进的培养体系，也缺少在相应领域开展科学研究和探索的专业型人才。因此，应积极学习发达国家先进的培养经验，广泛地开展国际型金融人才培养，为金融创新发展增添动力；第二，增强金融新型技术的运用，将理论成果更多地应用于实践；第三，提高金融创新产品的研发设计能力，与其他相关学科紧密联系。例如，在开展金融创新的过程中重视互联网技术的应用；第四，落实金融服务实体经济这一命题，在推动金融创新发展的过程中紧密结合实体经济发展，更多地基于实体经济创造相关金融创新产品服务；第五，提升防范金融创新风险能力，加强金融监管部门间的协调合作，同时提升监管当局的专业素质和监管能力，协调中央和地方间金融监管系统；第六，完善相关资源分配体系，鼓励金融创新先进地区进一步发展，扶持落后地区开展金融基础设施建设，加强地区间金融信息资源、人力资源和资金的流动，完善金融创新设施建设，形成多层次、多样化发展模式。

（二）防范金融创新风险

在金融创新不断深入的过程中应当重视对金融创新风险的管理。首先，要提高金融创新风险控制效率，坚持金融服务实体经济这一命题，严格防范互联网金融等业务中的风险，对表外业务严格监管，在向房地产行业、产能过剩行业发放贷款时更要注意行业内积累的风险，完善风险监管指标系统，对金融机构资本充足率、资产负债率等风险指标实施严格监控，此外注意投资者和消费者参与金融创新业务中可能引发的风险和权益保护。例如，在国有企业参与金融活动中严格执行国有资产增值保值任务，密切监控相关风险，广大金融消费者在参与时也应当进行金融活动适当性考察，向其充分揭示金融业务和产品的风险。其次，提高金融创新风险的识别和监控能力，完善金融机构内部公司治理机制，切实发挥诸如首席风险官和风险管理委员会等风险监管部门的作用，落实金融机构内控管理，制定严密高效的风险管理程序，同时对金融创新业务，要更新相关监管技术手段，严格防范金融创新业务和传统业务之间可能存在的风险。最后，提升宏观审慎监管能力和微观精细化管理能力，完善金融创新法律体系和监管体系，在改革开放过程中严格防范国际金融市场的风险蔓延，提升风险管理指标的有效性，对违规事件应做到事前防止而非事后惩戒，对不同的金融机构执行不同的监管措施，落实金融精细化监管。

（三）规范发展互联网金融

对于日益繁多、不断创新发展的互联网金融，应进一步促使其规范化发展。互联网金融的经营业务必须符合相关规范，监管当局也应更加严格地开展监管工作，各金融监管机构和其他相关部门应加强统筹协调和相互合作，建立完善的监管网络；创造公平有效的互联网金融行业竞争环境，利用市场力量将不符合发展趋势的落后或不合规范的企业淘汰，对于大型互联网金融平台，要加强对其的监管工作，防止其产生影响行业整体的大型风险；互联网金融企业应充分了解当前宏观环境整体情况，落实金融服务职能，在拓展业务和经营领域过程中严格遵守规范，防止风险积累；互联网金融发展应重视互联网技术等相关科学技术的应用，提升专业技术水平，合理利用先进成果，同时提升互联网金融监督管理的技术，监管当局也应提升其监管能力；充分发挥中国互联网金融协会作用，加强行业自律监管和规范，协会应积极向会员宣传我国对互联网金融的相关法律法规和政策方针，维护行业内的公平竞争环境，对行业总体及各会员风险水平进行有效监督，协调行业内会员间及会员和监管部门间的关系，切实履行消费者保护责任，维护消费者合法权益。

（四）促进自贸区金融创新发展

第一，完善相关监管体系，正确处理中央和地方对自贸区的金融监管关系，在自贸区金融创新不断发展的过程中，地方金融监管当局应充分发挥监管职责，严格防范金融创新相关风险，中央监管当局切实维护金融体系整体安全稳健发展，严格防范系统性金融风险；第二，在金融混业经营趋势不断发展的过程中，重视对传统分业监管的改革，进一步加强审慎监管和行为监管的协调发展，充分发挥国务院金融稳定发展委员会和中国银行保险监督管理委员会消费者权益保护局的作用，加强监管部门间统筹协调，严格防范系统性金融风险，切实保护金融消费者合法权益；第三，在自贸区不断发展的过程中应及时总结相关经验，自贸区本就属于金融创新发展的试验区，其在发展过程中的相关经验对其他地区发展具有重要的借鉴参考意义；第四，应进一步发挥自贸区在国际市场中的作用，在不断深入对外开放的过程中，加强国际沟通交流和合作，学习发达国家先进经验，提升金融监管的国际合作水平，严格防范国际性金融风险。

（五）完善金融衍生品市场

我国金融衍生品市场已初具规模，还需要进一步发展完善。首先，应进一步发挥金融衍生品市场作用，衍生品市场主要为投资者提供风险规避和投资等服务，这要求金融衍生品市场能够提供种类丰富、覆盖实体经济和金融各个领域的衍生产品，当前我国应不断发展金融期权类产品，其可以作为投资组合的一部分，发挥稳定市场的作用，并且可以实现金融更好地服务于实体经济这一发展目标，同时应丰富国债期货等品种，以此更好地为利率市场化改革服务，我国已初步形成长期国债期货相关品种，应进一步探索短期和中期国债期货品种，使得投资者能够以此规避利率风险，并且能促进债券市场的发展，此外应关注外汇期货等的发展，在我国对外开放不断深入及"一带一路"倡议实施的过程中，外汇期货的发展能够有效规避相应风险，加强国际金融合作交流，同时也可以进一步促进人民币国际化进程。其次，在不断加强对外开放的过程中，应更加注重金融衍生品市场的国际化发展趋势，学习发达国家先进的专业技术和发展经验。例如，我国期货市场推出的夜盘制度能够进一步加强衍生品市场的国际化进程，因此，应进一步开展与他国的沟通交流，逐渐提升我国在大宗商品定价等方面的话语权。最后，建立健全金融衍生品市场监管机制，严格防控金融风险，加快《中华人民共和国期货法》等衍生品监管法律法规的制定进程，加强监管部门间协调合作，充分发挥期货交易所和期货业协会等组织的自律监管职能，提升对从业人员资格考核水平和风险识别防控能力。

第四节　培养综合型金融人才

一、我国金融人才培养体系存在的不足

改革开放以来，我国金融业步入了快速发展的新阶段，众多高校纷纷设立金融专业相关学科，吸引了大批学生前来求学，同时金融业界的从业人员数量也保持了较快速度的成长。然而当前我国金融人才培养体系仍存在一定的不足。

金融从业人员相对较多，但综合型金融人才相对较少。金融行业的迅速发展吸引了大批人员从事相关工作，金融业的薪酬待遇往往较为良好，因此，更多的学生在选择专业时可能考虑从事金融工作，由此我国金融从业人员相对较多。然而，由于我国金融体系处于快速发展阶段，金融创新和新的金融风险也在不断产生，互联网技术等先进科技的应用使得金融业务更加专业化、技术化，因此，需要大量的综合型技术人才来满足市场需求。

金融从业人员综合素质相对不高。国家统计局发布数据，在 2015 年我国金融从业人员中研究生学历为 3.3%，大学本科为 35.4%，我国金融从业人员专业素质水平不高，同时，近年来我国频发的金融业违法违规案件也表明当前金融从业人员的遵守法律意识和职业道德素养也有待提高。

金融领域专业型人才相对缺乏。随着我国金融监管体系的不断发展，监管机构的不断调整改革，金融监管工作的范围也在向全面化和专业化发展，需要具有较高综合素质的监管专业人才，同时相较金融从业人员，监管人员的薪酬待遇较为有限，因此，更加难以吸引专业人才。此外，由于互联网技术等专业技术的发展，金融领域更加重视同先进科技的结合发展，因此，需要大量跨领域、具有较高科学技术的金融人才。

二、综合型金融人才培育路径

（一）改进综合型金融人才培养模式

金融领域的专业人才不仅需要较高的科学文化素质，还应具有较为丰富的实际工作经验，因此，应进一步加强学校和工作的联合培养模式，加强高等院校与企业的人才培养合作，共同制订开发培养规划和相关课程，学校积极调整相关专业科目，增加科学技术的专业培养，企业更多地为学生提供实习等实践工作机会，在人才入职后开展系统性的专业培训，促进金融专业人才的进一步发展。

（二）加强综合型金融人才的国际化培养

随着金融对外开放的不断深入，培育具有国际化视野的综合型金融人才具有重要意义。何宪和熊亮（2018）的研究指出，截止到2015年，我国人才计划引进了经济金融和管理专业的专家共174位，占引进总数的2.9%，上海金融从业人员中海外留学、港澳台及外籍人员共1.8万余人，持有国际职业水平证书约1.5万张。因此，我国应进一步开展金融人才的国际化培养，以此更好地服务于金融对外开放进程和人民币国际化进程，更好地实现"一带一路"倡议。

（三）做好金融人才培养的整体规划

当前，我国金融不同领域对金融人才有着不同的专业化需求。例如，金融监管、金融创新和互联网金融等方面均需要具有较高专业素质和综合能力的高端金融人才，因此，需进一步做好金融人才培养的总体规划，积极引导金融不同领域人才的培养和流动，尤其是对金融监管人才，国家应更加重视其监管专业技术、风险识别防控和思想品德培养，建设一支高水平专业化的金融监管人才队伍。

第七章 总结与展望

第一节 总结与创新

自改革开放以来，我国金融体系不断建设完善，金融体系改革取得了巨大成就：当前我国已基本形成以银行业、证券业、保险业三大传统金融行业为主，以商业性金融机构、政策性金融机构和互联网金融等为补充的金融体系。近年来我国金融业在 GDP 占比持续维持在 8%左右，金融机构逐渐多元化发展，金融法律体系和金融监管体系也在不断建设完善，进一步发挥了金融对资源有效配置的积极作用。

虽然我国金融体系改革正在稳步推进过程中，但从金融服务实体经济发展的质量和水平方面来看，金融促进实体经济良好运行存在诸多问题和不足。我国经济已进入新常态，经济发展面临新的局面和挑战，大部分实体经济由于受到技术等因素的限制，暂未找到未来发展的突破口，因此，投资收益下行，金融的融资功能失去目标依托，未能充分发挥促进实体经济发展的基本功能。首先，金融服务的供给和实体经济的融资需求匹配仍存在一定问题，我国民营企业尤其是各中小企业和科创企业作为实体经济较为重要的组成部分，往往面临融资难和融资贵等问题，金融系统和银行结构仍存在一定问题，资本市场层次体系尚未健全，银行承担了部分资本市场的功能，而其中大中型银行又成为主要的金融资源提供机构，由此导致了金融系统与实体经济融资需求间存在一定的缺口。其次，金融法律体系、金融监管体系和配套金融基础设施建设尚未完善，在金融对外开放进一步扩大、金融创新不断发展的过程中，往往会导致新的金融风险，严重危害到金融体系安全稳健运行和经济健康良好发展，并进一步威胁到实体经济的发展。最后，金融创新发展动力较为不足，高端综合型金融人才较为缺乏。在互联网金融和民间借贷等非传统、规范性较低的金融模式不断发展过程中，相应理论支持和科学技术的缺乏降低了金融体系的规范性，由此，为金融监管和规范工作带来了巨大挑战。

本书基于我国金融服务实体经济实际情况，从金融市场与金融机构、国家治理与金融治理等基本概念出发，以区域金融服务实体经济发展为核心，从实践角度以天津市金融服务实体经济发展为例详细介绍了当前发展状况和面临的机遇与挑战。同时，本书重点以区域性金融服务集团为主要研究对象，梳理金融集团和金融产业集群等区域性金融集团相关概念，并基于此提出区域性金融服务集团运行模式构想。此外，本书进一步聚焦区域性金融服务集团公司治理问题，在梳理相关研究后以花旗集团为例探究国外金融集团公司治理的实际情况，并提出相关建议。最后，本书对优化金融生态环境从建立健全金融法律体系、完善金融监管体系、深化金融创新和培育综合型金融人才四个方面对提高金融服务质量提出建议。

　　本书的主要结论和创新，可归纳为以下方面。

　　第一，对金融市场和金融机构相关概念进行梳理，总结国内外金融市场和金融机构发展规律，同时对金融监管体系的发展历史和不同模式加以详细阐述。此外，重点关注对我国金融监管体系历史沿革的探究，可以分为计划经济时期的"大一统"管理、重点关注银行监管时期、分业监管模式的最初建立、分业监管模式的建设和完善四个时期。

　　第二，对国家治理、金融治理相关概念进行梳理，并分析了我国现行金融治理体系主要存在金融治理体系立法框架与配套细则缺乏、金融治理中政府与市场边界模糊、监管协调性仍有待提升等问题。本书对建设金融治理体系现代化提出了以下措施：①建立起金融治理的中长期规划；②合理优化金融治理体系中的关系；③建立风险预警与防范体系并完善治理评估；④发挥市场在金融治理中的资源配置作用。进一步，本书对金融服务实体经济提出了以下政策建议：①推动资本市场改革，完善直接、间接融资渠道，分散金融风险。全面推动资本市场改革，畅通金融服务供需间的信息渠道，完善多层次的直接间接融资渠道，建设直接、间接相互协调结合的现代金融市场体系，进而为实体经济在资本市场的融资提供便捷。②完善金融体制，建立健全多层次金融体系，以机制引导服务实体经济。建立健全多层次的金融体系来更加明确不同机构的功能定位，进而加大金融服务实体经济的广度与深度，加强对落实服务实体经济情况的监督，建立健全征信、担保等金融服务机构，加强金融配套体系建设。③畅通政策传导渠道，发挥政策性金融对实体经济的支持作用。加强金融市场监管来协调金融服务实体经济的过程，使得监管规则有所统一并在监管过程中时刻强化中国人民银行的领导地位，扩大金融市场的内外开放程度，有效畅通政府相关政策的传导渠道，对重点领域、重点薄弱环节的实体经济进行有针对性的政策支持。

　　第三，本书以天津市为例，从实践角度对区域金融服务实体经济发展进行分析，研究发现天津市在金融创新和金融生态建设方面取得了一定的成绩。首先，天津市自贸区租赁业务的发展已基本形成产业集聚优势，自贸区利好政策的实施为租赁公司创新业务的多元化发展和租赁产业的高质量扩张提供了良好的发展平台。其次，天津市较早开展科技金融实践，不断完善相关政策体系，建立科技金融服务体系，成立金融服务中心来为天津市科技金融发展提供综合性的便利平台，同时各金融机构按照政府要求为科技创新提供优质的金融服务，总体来看，天津市科技金融的发展取得了显著性的成效。最后，天津市是关注金融生态建设较早的地区，在信用体系建设和金融消费权益保护方面均取得了较大发展。然而，当前天津市金融服务实体经济仍面临一定的机遇和挑战。发展机遇主要包括自身基础条件优厚（即自然条件优越、经济基础扎实和金融发展迅速等方面），以及国家宏观政策扶持（即滨海新区开发开放、天津自由贸易试验区建立、国家自主创新示范区建设、京津冀协同发展战略和"一带一路"倡议实施等方面）。面临的挑战主要包括金融市场体系不完善、金融开放度与创新度有待提高和金融人才资源相对匮乏等问题。

第四，本书对构建区域性金融集团提出了战略规划，对金融集团和金融产业集群的内涵概念、发展历史、分类及作用等方面进行详细介绍，并基于此对区域性金融集团建设提出建议：①区域性金融集团组建设计。区域性金融集团的组建原则建议选择坚持"政府主导、市场化运作"；区域性金融集团的组建模式选择从法律角度来讲，纯粹型的金融控股公司应为较合适的区域性金融集团的组建模式；金融集团和金融产业集群可以作为区域性金融集团的组建途径。②区域性金融集团发展目标。区域性金融集团发展首要目标是为区域性实体经济提供高质量、高效率的金融服务。从经营角度出发，区域性金融集团前期的经营目标应集中在本地区的经济发展上，以地方产业发展需求确定投资方向，对接国家及地区区域发展规划，积极投身关系国计民生和区域战略的关键领域，在资金配套等方面配合本地发展规划的落地和战略目标的实现。③区域性金融集团管控模式。有效的信息披露制度是控制风险的基础；设立"防火墙"制度是防范风险传递的有效途径；科学的公司治理结构是内部控制的重要保障。

第五，本书重点关注区域性金融服务集团公司治理相关问题。首先，依据区域性金融集团的两大构建理念出发，即分别探讨了金融集团治理与金融产业集群发展状况和问题。其次，以花旗集团作为国外金融集团公司治理案例，分析其公司治理主要特征，并着眼我国金融集团公司治理实际情况，分析金融集团普遍存在的公司治理问题。研究发现：①金融集团股权结构复杂且董事会缺乏独立性与专业性，集团内部缺乏有效透明的信息披露机制和系统性的风险管理体系，战略规划不清晰且管理不成熟，同时外部监管体系不甚完善。②金融产业集群发展存在经济发展缓慢且政策依赖性强、金融市场体系不成熟且政府支持力度不足、金融产业集群辐射效应低等问题。最后，本书结合区域性金融集团的多层级管理体制与高金融风险特征，从内部治理和外部治理两方面提出区域性金融集团的公司治理建议：①加强金融集团股权结构治理；②完善董事会与高管治理体系；③加强风险管理机制；④建立有效的信息沟通与披露制度；⑤建立统一的监管模式并制定相应法律法规；⑥积极引战上市，丰富外部治理者。

　　第六，本书基于上述分析，从优化金融生态环境角度出发对提高金融服务质量提出建议。首先，建立健全金融法律体系，主要包括建立健全金融立法体系、丰富完善金融法律体系涉及的领域和内容、规范金融执法体系、完善金融司法体系、建立健全投资者和消费者权益保护法律体系，以及创建良好的金融法律体系实施环境。其次，完善金融监管体系，主要包括建立健全金融监管法律体系、加强金融创新监管、完善金融行为监管、提升金融监管效率、加强金融监管机构协调，以及完善金融监管环境。再次，深化金融创新，主要包括提升金融创新能力、防范金融创新风险、规范发展互联网金融、促进自贸区金融创新发展，以及完善金融衍生品市场。最后，培育综合型金融人才，主要包括改进综合型金融人才培养模式、加强综合型金融人才的国际化培养，以及做好金融人才培养的整体规划。

第二节　进一步研究展望

　　本书基于对相关金融基础理论知识的梳理介绍，逐步引出区域性金融服务集团促进地区实体经济发展的主要问题，并在研究过程中以天津市为例，从实践角度对区域性金融服务集团的构建做出分析，但受篇幅所限仅以天津市为例缺乏代表性，在实际应用中难以因地制宜在不同区域及地区开展相关建设，因此，需要对更多的、不同类型的区域开展研究，丰富区域性金融集团服务实体经济发展的实践经验。此外，本书对区域性金融集团的战略规划构建仍处于理论分析阶段，缺少其应用于实践的典型案例，因此，较难从实际情况出发对这一理论体系进行完善，这将成为我们后续研究的一个主要方向。

参 考 文 献

贝政新, 陆军荣. 2003. 金融控股公司论: 兼析在我国的发展. 上海: 复旦大学出版社.

波特 M E. 2002. 国家竞争优势. 李明轩, 邱如美译. 北京: 华夏出版社.

车迎新, 等. 2009. 金融控股集团的公司治理、风险管理和监管. 北京: 中信出版社.

陈静. 2013. 近代工业在天津的兴起和工业城市地位的形成. 天津经济, (7): 48-50.

陈柳钦. 2006. 产业集群竞争力理论的演变. 贵州师范大学学报(社会科学版), (5): 24-30.

陈文锋, 平瑛. 2008. 上海金融产业集聚与经济增长的关系. 统计与决策, (10): 93-95.

陈怡彬. 2013. 浅议我国金融监管体系改革. 佳木斯教育学院学报, (12): 449, 451.

陈月生. 2016. 天津自贸实验区融资租赁发展情况分析. 重庆三峡学院学报, 32(6): 46-52.

成淑君. 2004. 近代天津银行业的兴起. 天津经济, (11): 77-78.

程书芹, 王春艳. 2008. 金融产业集聚研究综述. 金融理论与实践, (4): 96-100.

程亚萍, 秦守勤. 2010. 我国金融监管自由裁量权法律控制的缺失与构建. 唯实, (5): 81-84.

戴群中. 2007. 德国全能银行制度及其对我国的启示. 税务与经济, (2): 29-33.

杜莉, 高振勇. 2007. 金融混业经营及其监管: 德国和英国的比较与借鉴. 经济体制改革, (2): 152-155.

葛君. 2009. 金融控股公司经营模式的比较与选择. 北京市经济管理干部学院学报, 24(4): 31-34.

宫明波, 黄少安. 2002. 格罗斯曼–哈特–莫尔模型评析. 经济学动态, (12): 78-80.

郭锐欣, 张鹏飞, 杨满坡. 2015. 金融控股公司理论与实证研究综述. 浙江社会科学, (4): 136-144, 160.

郭田勇. 2014. 金融监管学. 3 版. 北京: 中国金融出版社.

郝臣, 付金薇, 王励翔. 2018. 我国金融控股公司治理优化研究. 西南金融, (10): 58-65.

何宪, 熊亮. 2018. 加强中国金融人才培养. 中国金融, (12): 90-92.

胡滨, 全先银. 2009. 法治视野下的中国金融发展——中国金融法治化进程、问题与展望. 财贸经济, (5): 12-17, 136.

黄剑辉. 2016. 推进金融供给侧改革 服务实体经济新发展. 金融博览, (3): 30-31.

姬国军. 2010. 区域性金融服务产业集群的创新与培育. 中州学刊, (6): 64-66.

李长健, 徐丽峰. 2010. 完善我国金融法律体系研究. 郑州轻工业学院学报(社会科学版), 11(5): 45-48.

李大垒. 2014. 金融产业集群与金融中心研究进展评及比较. 金融理论与实践, (1): 94-98.

李建国. 2001. 中国证券市场信息不对称研究. 财贸经济, (12): 43-45, 76.

李石凯, 靳晓海. 2004. 花旗集团的发展战略. 银行家, (9): 98-101.

李淑娟, 冯妮莎. 2012. 金融服务产业集群形成机理研究综述. 技术经济, 31(6): 50-53, 121.

李维安. 2009. 公司治理学. 2 版. 北京: 高等教育出版社.

李振杰. 2018. 金融服务业混业经营与风险控制实证分析. 统计与决策, 34(17): 166-169.

连建辉, 孙焕民, 钟惠波. 2005. 金融企业集群: 经济性质、效率边界与竞争优势. 金融研究, (6): 72-82.

林建军, 张霞, 杨勇. 2016. 金融控股公司资本不足风险控制研究. 商业经济, (7): 146-148.

林楠, 蒋淑怡. 2015. 金融产业集群演化机制及建设路径. 人民论坛, (8): 70-72.

刘军, 黄解宇, 曹利军. 2007. 金融集聚影响实体经济机制研究. 管理世界, (4): 152-153.

刘芸, 朱瑞博. 2014. 我国科技金融发展的困境、制度障碍与政策创新取向. 福建论坛(人文社会科学版), (1): 56-63.

陆雄文. 2013. 管理学大辞典. 上海: 上海辞书出版社.

罗西瑙 J N. 2001. 没有政府的治理. 张胜军, 刘小林译. 南昌: 江西人民出版社.

吕玉忠. 2010. 近代天津证券市场形成及演变. 产权导刊, (11): 36-38.

马歇尔 A. 1997. 经济学原理. 朱志泰译. 北京: 商务印书馆.

米什金 F S, 埃金斯 S G. 2013. 金融机构与金融市场. 丁宁, 等译. 北京: 机械工业出版社.

钱东平. 2016. 金融控股公司内涵、基本特征及主体监管. 金融纵横, (6): 17-25.

宋军. 2015. 我国现代化金融治理体系: 特征与建构. 西部论坛, 25(6): 26-31.

宋士云. 2008. 中国银行业市场化改革的历史考察:1979—2006 年. 中国经济史研究, (4): 33-42.

田晖. 2015. 金融产业集群影响区域经济增长的实证研究——以广东 21 个地市为例. 科技管理研究, 35(13): 158-162.

万峰, 等. 2013. 金融集团监管——国际比较与中国选择. 北京: 中国金融出版社.

王步芳. 2006. 首都金融产业集群优势与发展研究. 北京市经济管理干部学院学报, (4): 11-16.

王刚, 任浩聪, 雷薇. 2015. 影响我国金融监管效率的五大因素. 经济纵横, (4): 93-97.

王进诚. 2009. 站在新起点推动天津银行业改革发展创新. 华北金融, (10): 6-9.

危平, 杨明艳. 2017. 基于组织复杂性视角的金融集团内部资本市场效率研究. 中国管理科学, 25(6): 11-21.

文诗博. 2013. 德国全能银行的发展、变革与启示. 才智, (10): 249, 251.

吴家庆, 王毅. 2007. 中国与西方治理理论之比较. 湖南师范大学社会科学学报, (2): 58-65.

吴希, 路越. 2018. 我国当前金融衍生品市场存在的问题及对策. 知识经济, (3): 66-67.

肖建军, 李天锋, 吴艳文. 2009. 商业银行资产规模与经营业绩、股东权益之间的协整分析——汇丰银行并购绩效实证分析. 现代管理科学, (3): 109-111.

谢启标. 2017. 金融支持实体经济发展的困境与对策. 开发性金融研究, 12(2): 48-53.

徐文彬. 2013. 基于金融控股公司优势的范围经济综合评价研究. 经济研究参考, (65): 79-82, 94.

徐云松. 2018. 我国金融控股集团特殊风险及防控路径研究. 新金融, (9): 46-54.

阳建勋. 2017. 论自贸区金融创新与金融监管的互动及其法治保障——以福建自贸区为例. 经济体制改革, (1): 50-56.

姚军. 2015. 我国金融控股集团发展模式选择及治理结构的再造. 暨南学报(哲学社会科学版), 37(8): 11-18.

余建川, 常健. 2018. 英国金融监管: 缘起、法律变革及其启示. 商业研究, (8): 99-107.

俞可平. 2000. 治理与善治. 北京: 社会科学文献出版社.

俞红玫. 2015. 区域性金融中心布局构想. 开放导报, (2): 45-48.

曾刚, 贾晓雯. 2018. 完善公司治理强化股权管理 从源头把控银行风险.中国银行业, (3): 38-40.

翟义波. 2015. 国内金融混业经营模式选择及其风险防范分析. 金融发展研究, (1): 60-65.

张克雯. 2018. 我国金融产业集聚与经济增长关系的实证分析. 统计与决策, 34(18): 136-139.

张礼卿, 谭小芬. 2016. 全球金融治理报告(2015—2016). 北京: 人民出版社.

张利民, 周俊旗, 许檀, 等. 2003. 近代环渤海地区经济与社会研究. 天津: 天津社会科学院出版社.

张旭明. 2012. 产业集群的形成机制分析: 三种观点的比较. 中国外资, (12): 231-232.

赵虎林. 2018. 我国互联网金融规范和发展路径研究. 现代商贸工业, 39(35): 147-149.

郑金宏, 王刚, 张承惠. 2015-07-22. 我国金融法律体系的现状与缺陷. 中国经济时报, (5).

郑鸣. 2002. 论金融控股公司的建立模式与风险监管. 厦门大学学报(哲学社会科学版), (2): 71-78.

朱尔茜. 2015. 现代金融制度: 从金融监管到金融治理. 经济研究参考, (56): 39-45.

邹福阳, 岳意定. 2006. 金融控股公司治理结构研究. 中央财经大学学报, (9): 61-65, 71.

Amihud Y, Mendelson H. 1986. Asset pricing and the bid-ask spread. Journal of Financial Economics, 17(2): 223-249.

Audretsch D, Feldman M P. 1996. R&D spillovers and the geography of innovation and production. American Economic Review, 86(3): 630-640.

Caruana J. 2014. The role of central banks in macroeconomic and financial stability. Bis Papers No. 76.

Creamer D. 1943. Shifts of manufacturing industries, in industrial location and national resources. Government Printing Office, Washington, D.C.1943.

Davis E P. 1998. International financial centers-an industrial analysis. Bank of England Discussion Paper No. 51.

Dunn E S Jr. 1960. A statistical and analytical technique for regional analysis. Papers of the Regional Science Association.

Fama E F, Jensen M C. 1983. Separation of ownership and control. The Journal of Law and Economics, 26(2): 301-325.

Hambrick D C, Mason P A. 1984. Upper echelons: the organization as a reflection of its top managers. Academy of Management Review, 9(2): 193-206.

Kane E J. 1997. Ethical foundations of financial regulation. Journal of Financial Services Research, 12(1): 51-74.

Kwan S H. 1998. Securities activities by commercial banking firms' section 20 subsidiaries: risk, return, and diversification benefits. Working Papers in Applied Economic Theory No. 98-10.

Masten A B, Coricelli F, Masten I. 2008. Non-linear growth effects of financial development: does financial integration matter?. Journal of International Money and Finance, 27(2): 295-313.

Pandit N R, Cook G A S, Swann P G M. 2001. The dynamics of industrial clustering in British financial services. The Service Industries Journal, 21(4): 33-61.

Porteous D J. 1995. The Geography of Finance: Spatial Dimensions of Intermediary Behaviour. Aldershot: Avebury.

Porter M E. 1998. Clusters and the new economics of competition. Harvard Business Review, 76(6): 77-90.

Posner R A. 1974. Theories of economic regulation. The Bell Journal of Economics and Management Science, 5(2): 335-358.

Saunders A, Walter I. 1994. Universal Banking in the United States: What Could We Gain? What Could We Lose?. Oxford: Oxford University Press.

Skipper H D Jr. 2000. Financial services integration worldwide: promises and pitalls. North American Actuarial Journal, 4(3) : 78-108.

Stigler G J. 1971. The theory of economic regulation. The Bell Journal of Economics and Management Science, 2(1): 3-21.

Vennet R V. 2002. Cost and profit efficiency of financial conglomerates and universal banks in Europe. Journal of Money, Credit and Banking, 34(1): 254-282.

Williamson O E. 1975. Markets and Hierarchies: Analysis and Antitrust Implications. New York: The Free Press.

Yeager T J, Yeager F C, Harshman E. 2007. The financial services modernization act: evolution or revolution. Journal of Economics and Business, 59(4): 313-339.